思维导图
高效学习地图

赵巍 著

思维导图有助于提升思维力，思维力可以促进多种综合能力的提高。本书为中小学生提供了一套详尽实用的思维导图学习方法，从好工具、好习惯、好方法三个层面，系统化地介绍了怎样绘制和应用思维导图，如何用思维导图制订学习规划、预习、复习、记笔记、备考，如何将思维导图应用到具体的学科学习中，方法简单，步骤详细，一步一图，让学生通过对工具和方法的掌握，打造属于自己的学习地图。同时，帮助学生将工具的使用转化为终身受益的能力，真正学会学习、善于学习。

图书在版编目（CIP）数据

思维导图高效学习地图 / 赵巍著. — 北京：机械工业出版社，2022.10
ISBN 978-7-111-71416-3

Ⅰ.①思… Ⅱ.①赵… Ⅲ.①学习方法 Ⅳ.① G791

中国版本图书馆CIP数据核字（2022）第149881号

机械工业出版社（北京市百万庄大街22号　邮政编码100037）
策划编辑：刘文蕾　　　　　　责任编辑：刘文蕾　丁　悦
责任校对：薄萌钰　王　延　　责任印制：邓　敏
北京瑞禾彩色印刷有限公司印刷

2023年1月第1版第1次印刷
169mm×239mm・14.5印张・186千字
标准书号：ISBN 978-7-111-71416-3
定价：69.80元

电话服务　　　　　　　　　　网络服务
客服电话：010-88361066　　　机　工　官　网：www.cmpbook.com
　　　　　010-88379833　　　机　工　官　博：weibo.com/cmp1952
　　　　　010-68326294　　　金　书　网：www.golden-book.com
封底无防伪标均为盗版　　　　机工教育服务网：www.cmpedu.com

序

让思维导图闪耀永恒的光芒

思维导图发明人东尼·博赞先生曾说,思维导图是一个创新型工具,一旦掌握它,人生将会得到改变。作为东尼·博赞先生的亲授学生、他生前亲自颁发证书的最后一个世界冠军,我不仅通过思维导图获得了终身学习的本领,也因它站在了世界思维导图的最高领奖台上。东尼·博赞先生给予我的,是无法衡量的。正因为如此,我希望能够尽我的力量,把思维导图这个高效的学习工具分享给更多的人,让更多的人受益。

思维导图正被全世界越来越多的人使用,受众之广,领域之多,使得思维导图相关书籍所侧重的角度各不相同。本书仅以自己为师所研、所用、所长,根据我国基础教育背景与发展方向,为中小学生学会使用思维导图、养成良好的学习习惯、掌握高效的学习方法而撰写,从好工具、好习惯、好方法三个章节、两个维度进行构建。

第一个维度,工具维度(如图0-1)。第一章通过对思维导图工具的详细介绍,让同学们认识思维导图;第二章和第三章从学习的实际应用出发,讲解同学们应该如何使用思维导图,同时也为教师教授思维导图提供了方法,教师可以以此为拓展进行教学。会学、会用、会教,才能把对工具的使用转化成终身受用的能力。

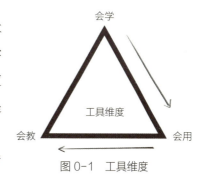

图 0-1 工具维度

第二个维度，学习维度（如图0-2）。想要学好，首先要学会借助工具，掌握一个有效的工具可以让学习"学有所用"；有了好工具，我们可以借助工具养成良好的学习习惯，从规划、预习、记笔记、复习、考试等方面入手，契合学习日常进行习惯培养，让学习"用有所养"；

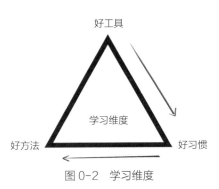

图0-2 学习维度

有了好工具、好习惯，再针对不同学科进行好方法的具体应用，让学习"养有所成"。通过工具、习惯、方法，打造属于自己的学习地图，铸就学习的铜墙铁壁。一法多用，依靠这个支点，为学习减负，撬动知识的地球。

本书展示了最直接、最贴近学生日常学习需求的实用技巧，写作顺序即阅读顺序，环环相扣，层层递进，建议大家按照章节从前至后进行阅读并实践，逐步学习才能熟能生巧，达成最终的学习目标，将"使用"转化为"能力"。

在此说明，书中所有的导图案例，无论是画面效果，还是内在信息，都是老师与学生的真实实践案例，大家可以借鉴，但不能以此为标准进行描摹，更不要仅仅被"导图画面艺术"所吸引，画得好只是图像的一种表达方式，绝非唯一功能性。思维导图本身是创新型工具，万不可机械式、填鸭式学习，应根据自己的实际需要，活学活用，融会贯通。（注：本书中的思维导图，除标注作者的作品外，其余均由我本人绘制完成。）

最后，谨以此书缅怀恩师"思维导图之父"东尼·博赞先生。

您的离开，让多少受益于思维导图的人伤心不已，让多少从前或者未来使用思维导图的人念念不忘。虽然生命是有终结的，但是思维永不枯竭。您给予世界的是永恒的智慧与永续的力量，您对这个世界在脑力界、教育界的贡献，将被铭记与传承。

赵 巍

目　录

序　让思维导图闪耀永恒的光芒

第一章　好工具：认识思维导图

好用：思维导图的发展
- 思维导图发明人：伟大的博赞先生 / 011
- 思维导图诞生记：天才的脑学方法 / 012
- 思维导图发展之路：导图的全球影响 / 017

好看：思维导图的基本概述
- 思维导图的基本概念：思维导图是什么？ / 019
- 思维导图的基本组成：思维导图有什么？ / 022
- 思维导图的基础作用：思维导图怎样用？ / 024

好学：思维导图学习法则
- 错误学：思维导图为何没用？ / 039
- 正确学：思维导图怎样有用？ / 042

好画：思维导图绘制宝典
- 手绘思维导图分类 / 044
- 手绘导图工具介绍 / 055
- 手绘导图绘制步骤 / 060
- 手绘导图绘制规则 / 065

好读：思维导图阅读要领
- 阅读思维导图的重要意义 / 100
- 如何正确阅读思维导图 / 101

005

第二章 好习惯：用思维导图培养良好的学习习惯

用思维导图 制订学习规划	制订学习规划的意义 / 105
	如何用思维导图制订学习规划 / 106
	制订学习规划的注意事项 / 109

用思维导图制订学习规划　制订学习规划的意义 / 105
　　如何用思维导图制订学习规划 / 106
　　制订学习规划的注意事项 / 109

用思维导图做好预习
　　预习的好处与意义 / 110
　　思维导图预习五步法 / 113
　　预习的注意事项 / 117
　　用思维导图预习的常见形式 / 117

用思维导图记课堂笔记
　　记课堂笔记的好处与意义 / 120
　　如何用思维导图记课堂笔记 / 121
　　记课堂笔记的误区 / 128

用思维导图做好复习
　　复习的三个误区 / 129
　　如何用思维导图进行复习 / 130
　　思维导图知识地图 / 139

用思维导图备战考试
　　正确认识考试 / 142
　　用思维导图制订备考策略 / 143
　　用思维导图做试卷分析 / 153

思维导图学习地图
　　思维导图每日学习地图：
　　　　一图三构，养成良好的学习习惯 / 158
　　思维导图学期学习地图：
　　　　多图一构，养成整体性学习思维 / 162

方法篇

第三章　好方法：用思维导图铸就高效学习方法

语文学习方法
- 变一变：导图识字 / 167
- 背一背：古诗背诵 / 171
- 读一读：导图阅读 / 178
- 写一写：导图写作 / 193

数学学习方法
- 解一解：导图解题 / 199
- 想一想：错因分析 / 204

英语学习方法
- 记一记：单词记忆 / 208
- 理一理：语法梳理 / 216

综合学科学习方法
- 画一画：爱地理 / 224
- 找一找：爱历史 / 227

后记 / 231

思维导图
高效学习地图

工具篇

好工具
认识思维导图

好用・好看・好学・好画・好读

第一章

好工具
认识思维导图

导 语

学生学习，通常会出现三个层次，"学不好""学得好""更好地学"。能否更好地学，取决于学生是否学会学习。不会学习的学生怎么学都学不会，而会学习的学生随着能力的增强，会逐渐从"学得好"变为"更好地学"。当下是提倡为教师和学生减负的时代，学会学习，是每个学生必须具备的能力。然而，如何学会学习，怎样才算学会学习，对于学生来讲是一个比较抽象的概念。学生需要一个具体的学习工具，用这个工具来量化能力、转化能力，获得学会学习的通行证。这个工具就是思维导图。为何思维导图能够帮助学生学会学习呢？

学会学习首先要符合学习观念，其次要满足学习条件。

在西方有"六种学习观念"（Marton & Booth，1997）：

A 增加个人的知识　B 记忆与复制　C 应用　D 理解（意义）

E 以不同的方式看事物　F 个人的转移

库克（Cook，1992）指出，学生想要更好地学有三个条件，第一是投入：要有意图地学习，有内在的学习动机；第二是探索：不同学习类型的学生要探索不同的学习方法；第三是反思：反思学习带来的成就感和有意义的收获，并通过学习反思，让自己的成绩得到提升。

思维导图的原理与应用，符合学习者的学习观念及学习条件，因其具有好用、好看、好学、好画、好读的特点，发明至今，受到各领域、各年龄段人群的积极反馈，是帮助每个人学会学习的高效工具。

好用：思维导图的发展

思维导图发明人：伟大的博赞先生

思维导图发明人东尼·博赞，1942年出生于英国伦敦，2019年4月离世，享年77岁。离世前6个月还在中国进行思维导图讲学，并参加了"第十届世界思维导图锦标赛全球总决赛"的评选与颁奖典礼。博赞先生创办了"世界记忆力锦标赛"和"世界快速阅读锦标赛"，发起了国际思维奥林匹克运动会，在全球多个国家的政府、企业、学校、媒体中讲授过思维导图，脑力届亲切地称博赞先生为"大脑先生""记忆力之父"。他倾其一生发明思维导图、研究思维导图、推广思维导图，是大脑潜能与学习方法的伟大研究专家。

博赞先生不仅是一位伟大的发明人，还是一位充满传奇色彩的人物。他热爱生活、热爱学习、幽默风趣、精力充沛，他的学位多、身份多、爱好多、学生多、著作多、成就多。他毕业于美国哥伦比亚大学，拥有心理学、语言学和数学等多个学位，获得心理学家、教育学家、超级作家、演讲家、运动教练、企业顾问等多种身份。他爱好广泛，喜欢艺术、象棋，同时也是一个运动健将，在击剑、长跑、举重、游泳、武术、划艇等项目中都取得过瞩目的成绩。出版著作百余部，被翻译成多国语言，发行量突破千万册。

《泰晤士报》高度评价博赞先生:"东尼·博赞的思维导图对大脑的开发贡献,就同斯蒂芬·霍金的《时间简史》对理解整个宇宙所做出的贡献一样伟大。"

感恩博赞先生的伟大发明,让我们能够通过思维导图高效学习和工作,提升学习成绩、提升工作效率、提高生活品质。

图 1-1 东尼·博赞介绍

思维导图诞生记:天才的脑学方法

博赞先生为什么发明思维导图?又是如何发明思维导图的呢?博赞先生和我们一样,希望有一种方法或者工具可以让学习变得轻松而高效,人们使用后也能像那些天才一样,耳闻则诵,过目不忘。他读大学的时候,对于如何能像天才一样思考、具备天才一样的大脑、达到天才学习的效果非常渴求,于是到处寻找相关书籍与方法,结果大失所望。除了关于大脑结构与医学解剖方面的书籍外,一无所获。博赞先生便决定自己探索发明,寻找答案。

既然想拥有天才大脑，就要先总结天才的学习方法，他便开始学习心理学、神经生理学、语义学、神经语言学、信息理论、记忆和助记法、感知理论、创造性思维等各类学科，发现了用脑误区与传统学习笔记和方法中的不足，于20世纪60年代发明了思维导图。思维导图集合了科学用脑的结构化呈现，改进了传统线性笔记的不足。这一发明，开启了"像天才一样学习、像艺术家一样思考"的思维导图学习时代。

我们可以看到，天才的笔记都是图文并茂的（如图1-2），具有很强的视觉理解性，能够让我们感受到图像与文字相融合时，思维火花的绽放，观察力和想象力可以在纸上得到验证与呈现。但是图文并茂的笔记或者备忘札记都有碎片式记录的感觉，笔记和笔记之间、图像与图像之间呈片状分布，特别是达·芬奇的笔记中，很少标注页码，在整理内容的关联性时比较烦琐。

图1-2 达·芬奇、牛顿、达尔文的笔记

线性笔记（如图1-3）是大部分学习者采用的笔记方式，根据内容，从左至右、从上至下按照顺序进行记录，有很强的阅读性。但是线性笔记结构单一、文字繁多、形式枯燥，记录者有被限制的感觉，阅读者有被填鸭的感觉，缺少创造性和开放性。

图 1-3　线性笔记

思维导图（如图 1-4）将图文并茂的笔记形式和传统线性笔记的优点相结合，改进不足，既保留了图文并茂笔记便于说明、理解、记忆的优点，又通过线条结构和布局进行了发散和创新，除此之外，还有逻辑、有结构地进行了系统性的表达。思维导图关键突出、重点明确、逻辑缜密、层级清晰，是一种具有很强包容性和实用性、符合学生用脑及用心学习的笔记方式。

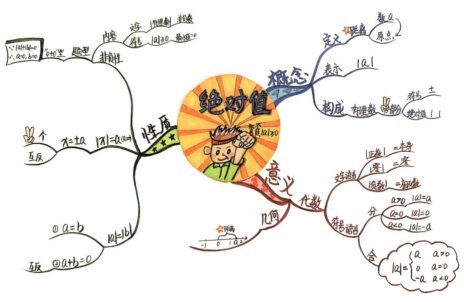

图 1-4　思维导图笔记（刘春艳绘）

下面将一组不规则分布的几何图形（如图 1-5）分别用图文并茂、线性笔记、思维导图的方式进行分类，比较一下这三种笔记的呈现特点及优缺点。

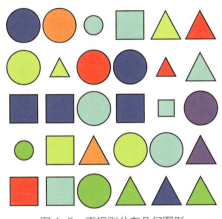

图 1-5 不规则分布几何图形

用图文并茂的方式进行分类（如图 1-6）：

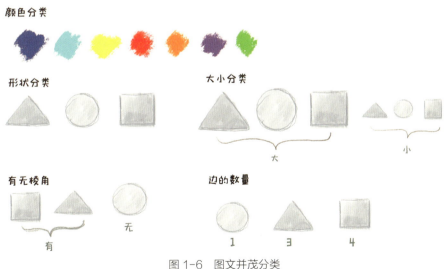

图 1-6 图文并茂分类

优点：理解性强、说明性强，有利于思维发散和创新。
缺点：碎片化、较分散，缺少系统表述和链接。

用线性笔记的方式进行分类（如图 1-7）：

图形分类

1. 按照颜色分类：7种（深蓝、浅蓝、黄色、橘色、红色、绿色、紫色）
2. 按照形状分类：3种（圆形、正方形、三角形）
3. 按照大小分类：2种（大图形、小图形）
4. 按照有无棱角分类：2种

    有棱角：三角形、正方形

    无棱角：圆形
5. 按照边的数量分类：

    3种（1条边：圆形；3条边：三角形；4条边：正方形）

图 1-7 线性笔记分类

优点：内容全面，解读详细。

缺点：重点内容模糊，可视性、说明性、记忆性、发散性欠缺。

用思维导图的方式进行分类（如图 1-8）：

图 1-8 思维导图分类

优点：具有融合性、多元性、开放性、系统性、明晰性等特点。

缺点：都是关键词和图，用线条的方式表达关系与层级，相较于篇章阅读，不易于直观理解。主观性更强一点，读者阅读起来欠缺流畅性。

三种笔记方式相比较而言，思维导图虽然也有不足之处，但是综合评估，其应用效率更胜一筹。

思维导图发展之路：导图的全球影响

20世纪60年代，思维导图被发明。从1970年开始，东尼·博赞先生在全世界各地为政府、企业、大学以及小学讲授思维导图，并撰写《思维导图》（*The Mind Map Book*）一书，于1995年出版。从此思维导图广为人知，在世界范围内产生巨大影响。

至今，思维导图诞生近60年，虽然时间很短，但是全球已经有6亿多人在使用。使用领域涵盖各行各业，受众年龄从儿童到老年人，应用角度包罗万象。在众多使用者中，不乏大家熟悉的人物与企业，哈佛、剑桥、牛津等著名学府的学子们也将思维导图当作一艘小船，在知识的海洋中畅游。

在我们的教育领域中，思维导图已经为大众所熟知。从学前教育到大学教育，思维导图在课本与试卷中频频出现，成为教师教学和学生学习的常用工具，并因其高效实用而备受欢迎。思维导图已经从一种辅助记忆与学习的工具发展为开启高质量学习之路的金钥匙。

未来，会有更多专业的思维导图讲师和爱好者将思维导图传递，会有更多的领域与人群受益于思维导图。思维导图将会为世界带来更大、更深远的影响。

图1-9 思维导图的全球影响

好看：思维导图的基本概述

思维导图的基本概念：思维导图是什么？

思维导图发明人东尼·博赞先生这样定义思维导图："思维导图是用图表表现的发散性思维。发散性思维产生的过程也就是大脑思考和产生想法的过程。通过捕捉和表达发散性思维，思维导图将大脑内部的过程进行了外部呈现。本质上，思维导图是在重复和模仿发散性思维，这反过来又放大了大脑的本能，让大脑更加强大有力。"

思维导图涉及脑科学、心理学、教育学、图像学、思维学等众多学科，随着更多领域和专家对思维导图的研究，思维导图的概念已经远远超越东尼·博赞先生所定义的"用图表表现的发散性思维"的核心概念。通过多年对博赞先生思维导图理论与实践的研究，我把思维导图的概念总结如下：

思维导图是内在思维、外在呈现，无形系统、有形连接，无序逻辑、有序梳理的图像化与功能化思维工具（培养理解力、分析力、概括力、创造力、判断力、推理力等思维能力）。思维作用于导图，导图也反作用于思维，通过两者之间的转化最终提高思辨能力。

内在思维，外在呈现——想到的

以"我的未来"为例，将内在思维用思维导图呈现出来（如图1-10）。

当头脑中有"我的未来"想法的时候，思维导图可以在两个层面帮我们厘清思路：

第一，如果只有一个主题，但是没有深入思考，可以通过思维导图把这个主题在思维层面进行扩展，从有主题到有内容。

第二，如果既有主题，又有内容，就可以通过思维导图把主题和内容用视觉化的方式呈现出来，进行应用。

图 1-10　我的未来

无形系统，有形连接——看到的

知识学得越多，系统越庞大，每一天课堂上所学的知识点既是独立的个体，又是系统中的一部分。通过思维导图，可以把这些处于无形系统中的知识点，用导图有形地连接起来，形成完整的知识系统。以初中数学为例，将初中数学的每一个知识点整合起来，就形成了初中数学知识体系（如图 1-11）。

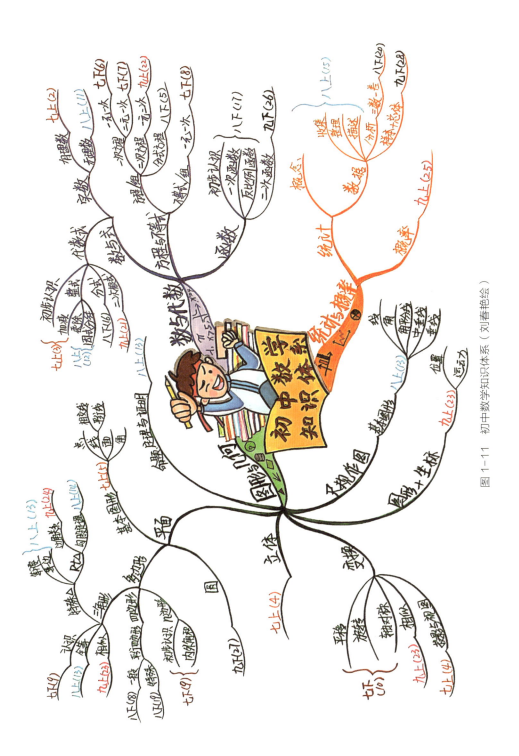

图1-11 初中数学知识体系（刘春艳绘）

无序逻辑，有序梳理——做到的

做一件事情无从下手时，可以通过思维导图进行有逻辑的梳理，帮助我们省时、高效地完成所做的事情。以制作三明治为例，将三明治制作流程用思维导图梳理出来，可以帮助我们清晰地了解各个环节所要进行的工作（如图1-12）。

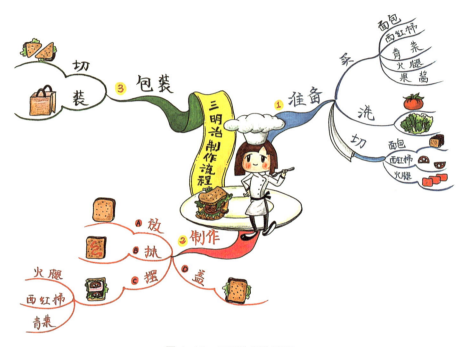

图1-12 三明治制作流程

思维导图的基本组成：思维导图有什么？

很多人学习思维导图特别关注思维导图的外在形式，认为只要样子对了，思维导图就画对了。其实不然，思维导图不仅仅要重视外在表现，还要重视内在逻辑，内外兼修才是一幅合格的思维导图。思维导图包括显性要素和隐性要素，显性要素主外，隐性要素主内（如图1-13）。

显性要素：图、线、词

图：中心图与图标

线：主干、分支、箭头

词：关键词

隐性要素：逻辑、结构

显性要素是为隐性要素服务的，逻辑、结构就是线与线、词与词、图与图、词与图之间的关系。

图 1-13 思维导图的基本组成

同样的信息，错误的逻辑关系会引发误导

举例：学科、数学、语文、阅读、写作、计算

下面两幅导图虽然都是运用了主干、分支、关键词进行表达，但是图 1-14 的逻辑关系和层级归属明显是错误的，图 1-15 是正确的逻辑表达。

图 1-14 错误的逻辑关系　　　　　　图 1-15 正确的逻辑关系

同样的信息，不同的逻辑关系表达不同的信息

举例：爱、家庭、父亲、母亲、恩重如山、无微不至

以"爱"为中心词向外延伸，表达了爱家庭中父爱如山的父亲和无微不至的母亲（如图1-16）。

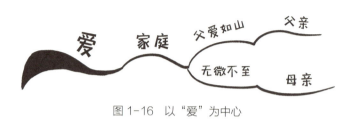

图1-16　以"爱"为中心

以"家庭"为中心词向外延伸，表达了家庭中的爱来自于父爱如山的父亲和无微不至的母亲（如图1-17）。

图1-17　以"家庭"为中心

通过上面两个案例，我们可以认识到，在进行思维导图绘制时，一定要注意内外要素的融合表达，不要只顾其表，不顾其里，表里如一才能正确表达逻辑和含义。

思维导图的基础作用：思维导图怎样用？

伟大的科学家爱因斯坦曾说过：人们解决世界的问题，靠的是大脑的思维和智慧。科学用脑与思维能力是人最宝贵的特质，人与人之间最大的差别也是思维的差异，思维力很多时候也决定了一个人优秀与否。思维力包括理解力、概括力、比较力、创造力、推理力、记忆力、专注力七种综合能力，是整个智慧的核心。我们可以借助思维导图可视化、结构化、图示

化的显性特征，培养隐性的思维力。用思维导图培养思维力，思维力又能够促进多种综合能力的发展。在此特别强调，每一幅合格的思维导图都能通过不同侧重综合培养七种能力，可以根据类比的方式，稍有侧重地进行重点能力的培养，绝非一个类别的导图只培养一种能力。

提高理解力——拆解类导图

拆解类思维导图是把原有的书籍或资料通过关键提取与结构梳理的方式呈现出来，其前提是先理解、后拆解。通过理解，信息被过滤后，才能真正做到去粗取精，保留有效信息。经常用思维导图拆解段落、拆解书籍、拆解资料，会提高我们的快速理解能力。常见的拆解类导图有：思维导图拆解书籍、拆解课文、拆解文字、认识事物等。

用思维导图拆解书籍

以《小王子》为例，将故事梗概进行拆解（如图 1-18）。

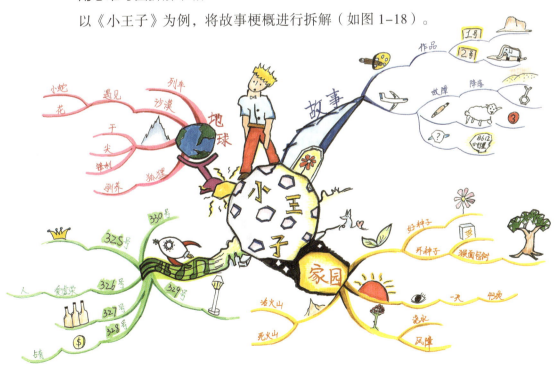

图 1-18 《小王子》（寇鸿迪绘）

用思维导图拆解课文

以《荷叶圆圆》为例,拆解课文的每个段落(如图 1-19)。

荷叶圆圆的,绿绿的。

小水珠说:"荷叶是我的摇篮。"

小水珠躺在荷叶上,眨着亮晶晶的眼睛。

小蜻蜓说:"荷叶是我的停机坪。"

小蜻蜓立在荷叶上,展开透明的翅膀。

小青蛙说:"荷叶是我的歌台。"

小青蛙蹲在荷叶上,呱呱地放声歌唱。

小鱼儿说:"荷叶是我的凉伞。"

小鱼儿在荷叶下笑嘻嘻地游来游去,捧起一朵朵很美很美的水花。

图 1-19 《荷叶圆圆》(郭莉绘)

用思维导图拆解文字

以《biáng》为例，拆解文字的基本识记、书写口诀、来源典故和实际体验（如图1-20）。

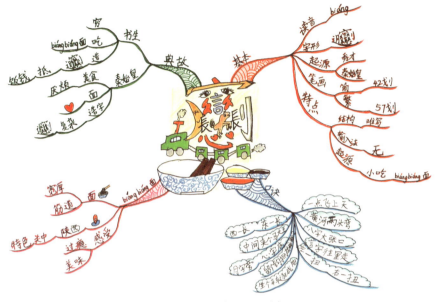

图1-20　biáng（王钰棋绘）

用思维导图拆解事物

以"钢琴"为例，拆解钢琴结构，对钢琴的各组成部分清晰了解（如图1-21）。

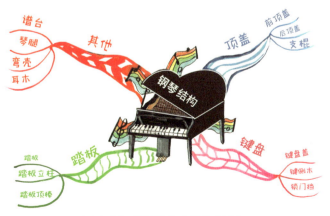

图1-21　钢琴结构（张仕龙绘）

提高概括力——总结类导图

总结类思维导图是把信息零散、繁杂的知识体系通过一定的逻辑关系、核心线索进行筛选、提炼、整理、重组，最后形成所需要的信息系统导图，便于我们整体、宏观地看问题。经常用思维导图做总结，能够提高我们的概括能力。常见的总结类思维导图有用思维导图做复习、用思维导图做笔记、用思维导图做纪要等。

用思维导图做复习

以复习世界气候为例，将气候的相关知识点提炼梳理、总结概括，一目了然（如图1-22）。

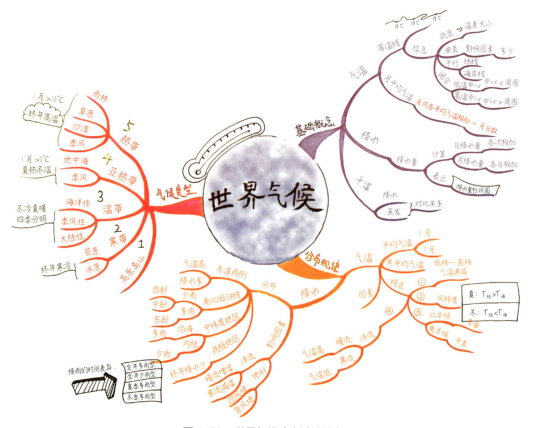

图1-22 世界气候（寇鸿迪绘）

用思维导图做笔记

以三角形的相关知识为例,用思维导图整理笔记,有助于整体掌握三角形知识体系(如图1-23)。

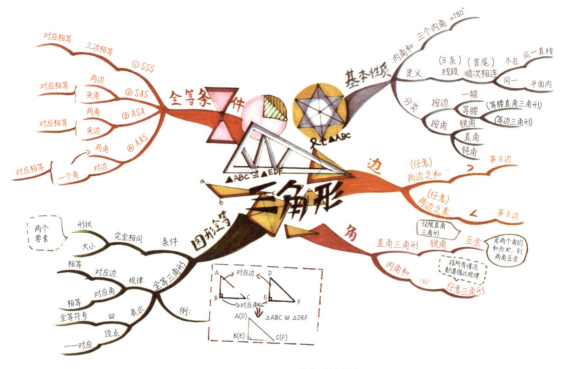

图1-23 三角形(寇鸿迪绘)

提高比较力——分析类导图

分析类思维导图是在我们做选择、做判断时经常用到的方法,将两类或者多类事物通过相同或不同的角度进行比较,最后得出答案,分析出结果。经常使用分析类思维导图能够提高我们的比较能力,常用的有用思维导图做对比、做判断、做错因分析。

用思维导图做对比

以"世界十大物理学家"为例,将各位物理学家的地位、贡献进行比较,清晰直观(如图1-24)。

图1-24 世界十大物理学家（寇鸿迪绘）

用思维导图做判断

通过对比手绘导图和软件导图的优缺点,帮助我们在不同的情况下选择更适合的绘制方式(如图 1-25)。

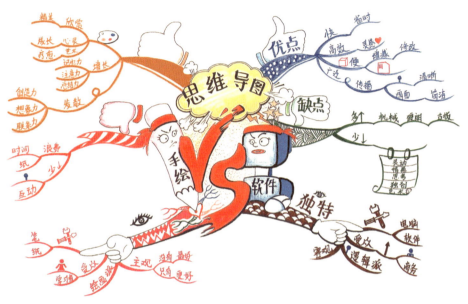

图 1-25　手绘导图 VS 软件导图

提高创造力——策划类导图

策划类思维导图是对活动进行有计划、有观点、有方法地组织和筹划。策划类思维导图基于主题和问题进行零基础的思维突破,帮助我们提高创造力。常用的策划类思维导图有用思维导图做旅行计划(如图 1-26)、活动策划(如图 1-27)、头脑风暴(如图 1-28)等。

用思维导图做旅行计划

图 1-26　西藏自驾旅游攻略

用思维导图做活动策划

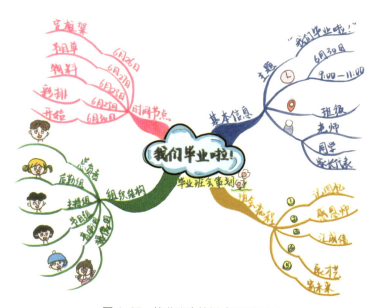

图 1-27　毕业班会策划（刘靖涵绘）

用思维导图进行头脑风暴

图 1-28　圆形的联想（刘佳蕴绘）

提高记忆力——记忆类导图

记忆类思维导图是通过信息凝练与图示化转换辅助记忆的，在理解内容的基础上，通过抽象转具象、晦涩转直观的图示化表达，加深记忆力。常用的记忆类思维导图有用思维导图背各学科相关知识等。如图1-29、图1-30、图1-31，分别为用思维导图背历史、背地理、背数学公式。

用思维导图背历史

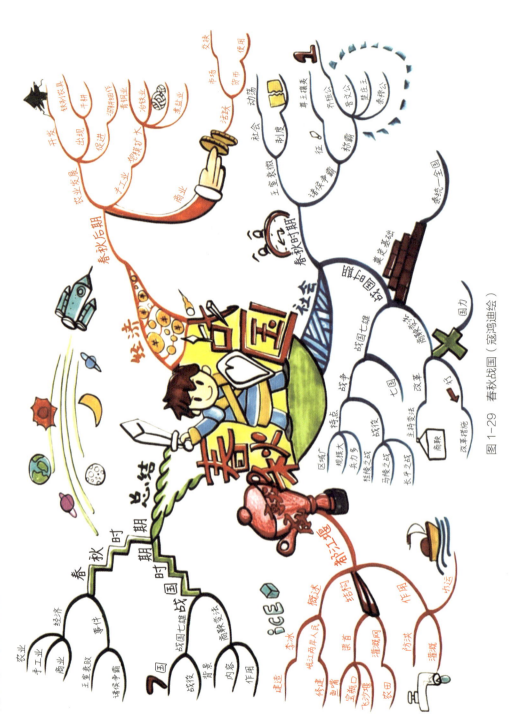

图1-29 春秋战国（寇鸿迪绘）

用思维导图图背地理

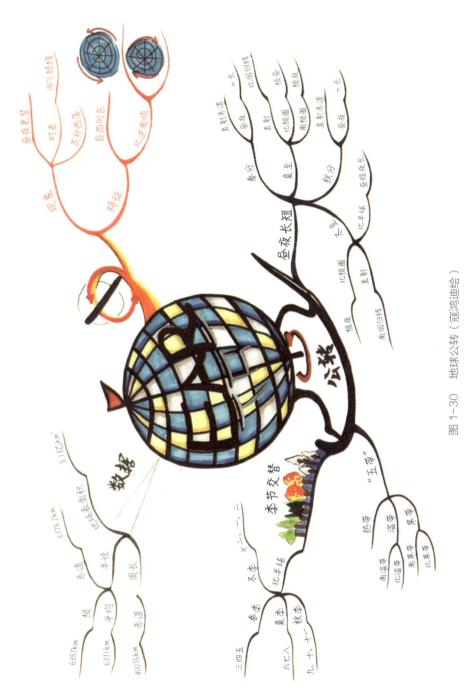

图1-30 地球公转（寇鸿迪绘）

用思维导图背公式

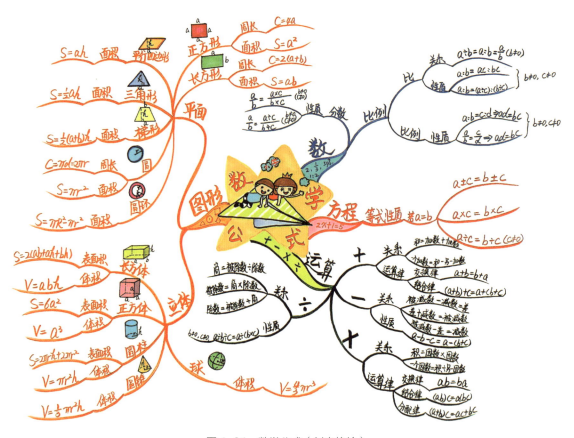

图 1-31 数学公式（刘春艳绘）

提高推理力——推理类导图

推理类思维导图是根据已有或已知因素和条件，从中找出内在的逻辑关系，直接或间接推理出新的、正确的结论。推理类思维导图可以培养我们的逻辑推理能力，帮助我们学会举一反三，从多个角度看问题，是每个人都要具备的基本能力。常用的推理类思维导图有用思维导图解决逻辑数学题（如图 1-32）等。

用思维导图解数学题

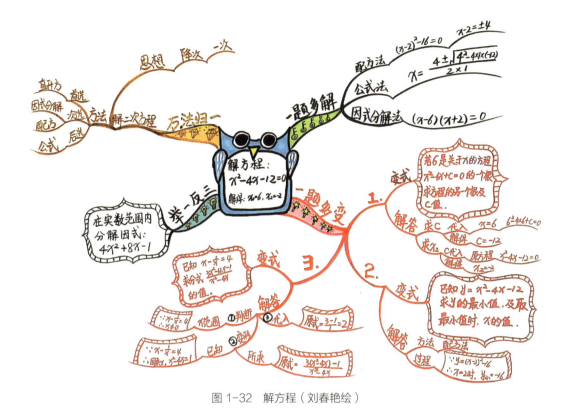

图 1-32　解方程（刘春艳绘）

提高专注力——自由类导图

自由类思维导图是根据自己的需要和喜好自由创作思维导图。思维导图图文并茂的形式、全脑模式的构思与创作，能够激发创作者的创作欲望，调动脑、心、手的联觉参与，有助于提高专注力。自由类思维导图应用的领域非常广，可以充分满足不同年龄段人群所关注的各个领域，只有想不到的内容，没有画不出的导图。如用思维导图做介绍（如图 1-33）、表达观后感（如图 1-34）、做时间规划（如图 1-35）等。

用思维导图做介绍

图 1-33　自我介绍（范恩恺绘）

用思维导图表达观后感

图 1-34　《流浪地球》观后感（刘艺思绘）

用思维导图做时间规划

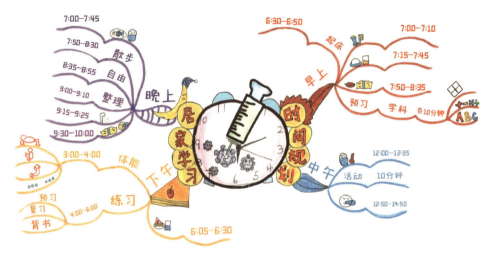

图 1-35　居家学习时间规划（俞菲凡绘）

好学：思维导图学习法则

错误学：思维导图为何没用？

很多人认为思维导图神乎其神，也有人认为思维导图毫无用处，实际上，过分夸大其作用或者过分贬低其效果都是不正确、不客观的。就好像同样的食材在不同的厨师手中味道不同一样，有的甘旨肥浓，有的却难以下咽，味道的好坏取决于厨师的主观态度、客观技能等多种因素。思维导图这项工具亦是如此，错误地使用思维导图反而无用，在此进行总结，希望大家可以有所启发。

错误态度

没有用

思维导图在工作和学习中的成功案例已经数不胜数，"没有用"可以理解为"没有去用"或者"没有正确地使用"。接受任何一种对于自己来说新鲜的方法和工具时，都应该有敢于尝试的勇气，在实践中用辨证客观的态度去判断，而不要妄下定论。正如博赞先生所说：现在就开始你的思维导图之旅，发掘大脑的惊人力量吧！

太麻烦

习惯了在格子本上用单一颜色的笔学习的同学，最初改用思维导图学习时，确实会感觉比较麻烦。但是我们要相信，摒弃低效率的学习习惯，才有机会提高学习效率，让我们事半功倍。

没时间

时间是最公平的，因为每个人的时间都是相同的。在紧张与繁重的学习压力下，很多初学者会认为绘制思维导图太消耗时间。首先，我们完全可以根据思维导图的使用需求，调整绘制时间，可快可慢；其次，可以通过正规的培训进行训练，随着思维能力的提升，我们的绘制速度也会越来越快。

不会画

有的同学自称"图盲"，认为自己不会画画，所以对思维导图望而却步；也有的同学认为思维导图中的卡通画过于幼稚，不是用来学习的，而是属于美术学科。如果认为自己不会画或者不想画，可以回想一下小时候，我们探索和认知世界就是从图像开始的。在当下，随处都可以看到图像媒介带给我们的视觉信息。认识图像、涂鸦是我们与生俱来的能力，只要我们再次调动就可以受益于图像，受益于思维导图。

错误方法

拿来主义

随着思维导图的受众人群越来越广泛，相关书籍与资料也越来越多，很多同学便习惯了"拿来主义"，把他人的思维导图直接拿来使用，强调背诵的意义，而没有任何自己的思考过程。绘制思维导图不仅仅是完成一幅图，更重要的是绘制的过程可以帮助我们提高综合能力，是教会我们学习的学习方法。

正确的做法是，在借鉴的同时，加入自己的想法。拿来主义只是停留在"学什么"的阶段，自己绘制导图才能学会"怎么学"；拿来主义是"内容论"，自己绘制导图是"方法论"。后者的收获与意义远大于前者。所以大家要尽量自己绘制导图。

蜻蜓点水

绘制思维导图除了可以让信息可视化，还可以培养创意思维，还有一个重要的意义就是无形思维被有形提升了。通过绘制思维导图、分析思维导图，我们的思维能力可以在脑中成图、心中成图，进而帮助我们形成一种无形的能力。很多同学绘制思维导图如同蜻蜓点水一般，只有在学习思维导图或者老师留作业的时候画一画，认为只要会画导图就已经具备思维高手的能力了，其实不然，我们只有养成绘制思维导图的习惯，才能具备导图思维，才能把这项工具转化为能力。

为画而画

为画而画是很多低年龄段孩子经常犯的错误，因为低年龄段的孩子处于美术创作的高产阶段，非常喜欢画画，所以把思维导图当成美术作品来看待。虽然画面非常漂亮，但是当深究其内在逻辑和层级时，却一塌糊涂，画了很多思维导图，但学习成绩却没有得到提升。此类为画而画的思维导图，可以用来激发学习思维导图的兴趣，但一定要注意其内在思维逻辑的表达。

一事一图

爱因斯坦曾经说："我要反复思考好几个月；有九十九次结论都是错的，可是第一百次我对了。"多思考能够产生不同的观点和更多的创意。很多同学一个主题只画一个思维导图，回看思维导图时只是复习和记忆，不带有任何思考，这种做法对于思维的提升也是一块绊脚石。一个内容或者主题绝不局限于只画一次思维导图、只思考一次，我们要通过思维导图培养自己敢思、多思、爱思的习惯。特别是对于学科复习，重复使用思维导图有助于我们对知识的掌握从量变提升到质变。

正确学：思维导图怎样有用？

任何工具都有其独有的特点，端正态度、掌握正确学习思维导图的方法，才能够更好地发挥思维导图的价值，在思维导图的践行之路上游刃有余。

正确态度

自信化

简·奥斯丁曾说过："这个世界上除了心理上的失败，实际上不存在什么失败。"当你第一次接触思维导图，或者看到"好看"的思维导图时，不要因为不自信而拒绝尝试，不要因为不会画、画不好而与思维导图失之交臂，不论是画思维导图，还是做任何事情，我们首先要树立自信，决心即力量，信心即成功。拿起笔迈出第一步，让思维导图打开我们自主学习的大门。

趣味化

兴趣是最好的老师，想要在某一方面突出，第一步就是对它产生兴趣。法国科学家将学生分成人数相等的两组，第一组只给文字，另一组既给出文字，又给出相应的画面。结果显示，第二组学生对文字的掌握情况比第一组学生高出30%。科学家由此得出结论：大脑对鲜明、直观的画面更感兴趣。思维导图图文结合、连写带画的形式，本身就具有趣味性。特别是对于低年级的同学来说，更是一种趣味立体化的工具。高年级不太喜欢涂涂画画的同学，可以先把思维导图应用在自己感兴趣的学科或领域中，感受其魅力后再逐渐形成习惯，应用到学习的各个方面，而不要在还不喜欢思维导图的时候就盲目、着急地去解决问题。

简单化

材料简单化：由于思维导图涉及画图，所以很容易让有仪式感的同学"大动干戈"，准备各种笔、各种纸，好像即将开始一场盛大的创作。其实，思维导图本身是一种很简单的工具，其内在意义也是化繁为简、以少胜多，千万不要因为其形式而把如此高效的工具复杂化。没有彩笔，单一颜色的笔也是可以绘制思维导图的；没有多种材质的笔，一个四色圆珠笔也是可以搞定思维导图的。因为思维导图重在思维，图像是为思维服务的。

信息简单化：很多思维导图画面很满，信息量特别丰富，以至于阅读时无从着眼，根本不知道这幅思维导图到底表达了什么内容，适得其反。思维导图是将信息简化的过程，绝不是哗众取宠。我们要注意关键词的准确性和关键图的适量性，做到信息一目了然。

有效化

在使用思维导图的过程中，我们不能"为画而画"，不是所有的事情都可以画出导图，导图也不能解决所有问题，我们一定要根据具体问题有效地使用思维导图。

正确方法

鞭辟入里、正本清源、持之以恒

首先，初学者学习思维导图时，一定要对思维导图进行系统、深入的了解和研究，知道思维导图的起源与意义。正确客观地认识思维导图，才能有的放矢。这部分内容在本章第一节已经为大家进行了阐述。

其次，要学习正本清源的思维导图。绘制正确、标准、规范的思维导图，就像我们学习写字之前，要先掌握正确的书写姿势和笔画顺序一样，无规矩不成方圆，只有规范绘制，才能锦上添花。

最后，要把思维导图应用在日常学习中，不要束之高阁，不要认为会画就能有所收获，而是要在学习中，尽可能多地实践和应用，挖掘思维导图的价值，持之以恒地使用思维导图，形成导图思维，才是绘制思维导图的终极目标。

好画：思维导图绘制宝典

手绘思维导图分类

思维导图有很多表现形式，只有了解思维导图的分类，才能选择适宜的表现形式进行应用。将思维导图从多角度进行分类说明，便于使用者根据自身情况、环境背景、使用需求来灵活选择导图类型。

根据材料进行分类

可以分为软件思维导图和手绘思维导图。

软件思维导图

软件思维导图是借助电脑等电子媒介，通过软件进行绘制。思维导图的软件版本有很多种，有框架结构化的，也有接近手绘感觉的。相比手绘思维导图，软件思维导图的绘制更加客观化、逻辑化、条理化，作品展示更为清晰明了。

手绘思维导图

手绘思维导图是比较常用的形式，需要用纸笔进行绘制。"思存笔先，笔行指尖"，手绘思维导图绘制的过程更能体现思维的过程，手绘的方式更为传统、古朴，更能在创作的过程中体会身心合一的感受，从而更好地为思维服务。

米开朗琪罗说："艺术家用脑，而不是用手去画"，约瑟夫·博伊斯说："人人都是艺术家"。所以每个手绘过程都是思维艺术的展示。

下面对《思维导图百城千校》手绘版（如图1-36）和软件版（如图1-37）绘制进行比较。

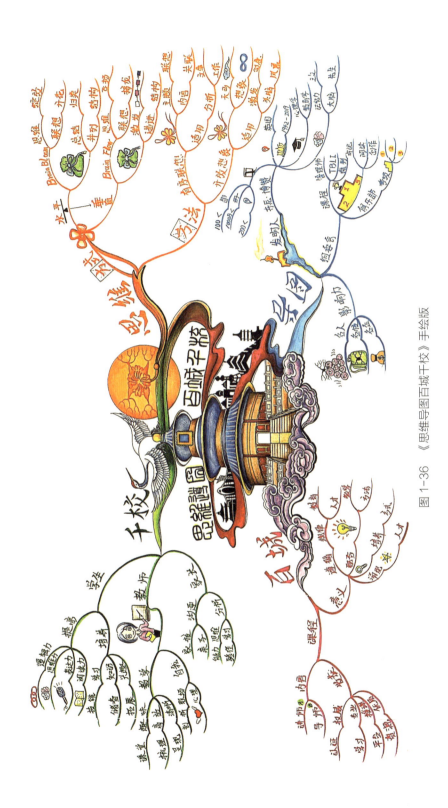

图1-36 《思维导图百城千校》手绘版

第一章 好工具：认识思维导图 045

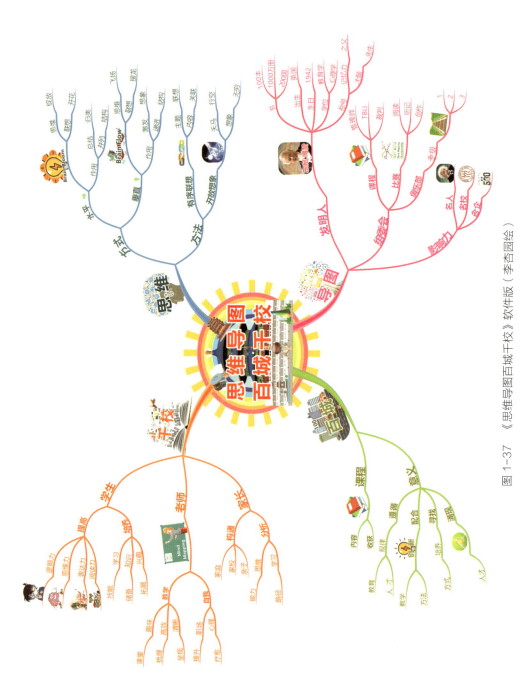

图1-37 《思维导图百城千校》软件版（李杏园绘）

根据内容呈现进行分类

可以分为全图像思维导图、图文并茂思维导图和全文字思维导图。

全图像思维导图

全图像思维导图画面效果非常丰富，有很强的视觉冲击力，很受低年龄段孩子的喜欢，就好像看绘本一样。全图像思维导图无论在绘制角度，还是欣赏角度，都能最大限度地激发创造性思维。没有文字做辅助说明，绘制会更开放，不受限制，阅读时也会激发出更多的想法。所以，全图像思维导图在有创意思维需求时，更为有优势。

图文并茂思维导图

图文并茂思维导图是最常见的思维导图，图文结合的方式既有理性说明，也有感性解读，可以更加均衡地调动全脑，适用于多种应用领域。

全文字思维导图

全文字思维导图表达的数据准确、内容清晰，便于我们快速整理导图内容，对信息进行更直观的了解。在对客观信息进行吸收、整理时比较适用，能够做到快、准、稳。

下面将挪威籍儿童文学作家罗尔德·达尔的原创童话《了不起的狐狸爸爸》用三种不同类型的思维导图进行呈现，请大家感受一下三种导图类型的差异化。建议大家先欣赏全图像思维导图（如图1-38），体验一下与作品和思维进行对话、交流，再阅读图文并茂版思维导图（如图1-39）和全文字版的思维导图（如图1-40），从图到文、从无形思维到具象解读的顺序，会让大家像揭开谜底一样，一步步感受思维剥离的过程。

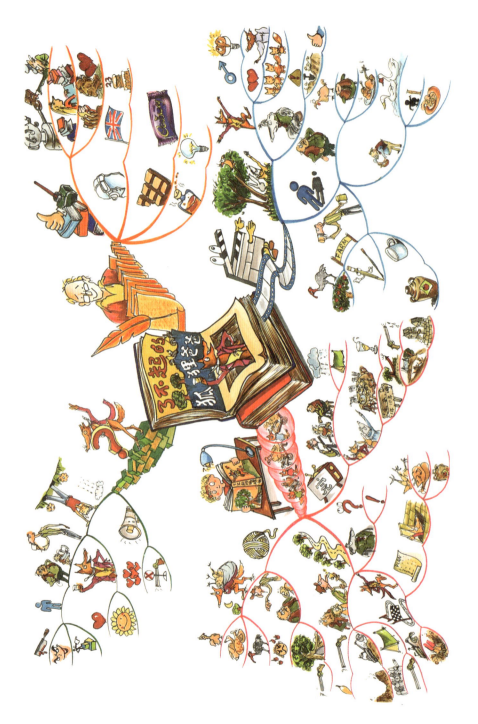

图1-38 《了不起的狐狸爸爸》全图像版思维导图(李同同绘)

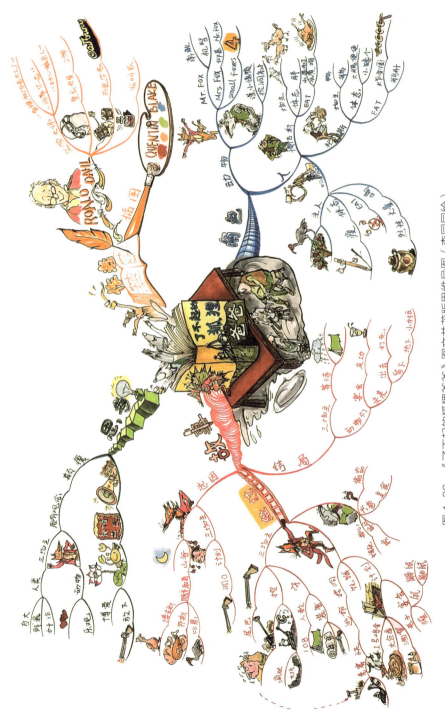

图 1-39 《了不起的狐狸爸爸》图文并茂版思维导图（李同同绘）

第一章 好工具：认识思维导图

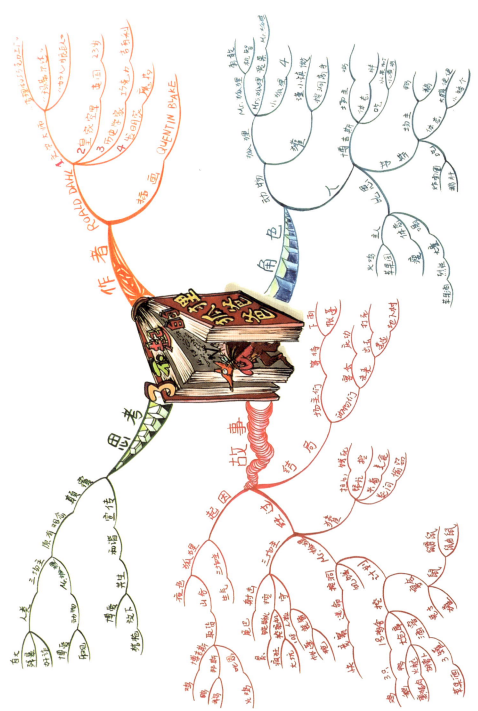

图1-40 《了不起的狐狸爸爸》全文字版思维导图（李同同绘）

根据导图颜色进行分类

可以分为单色思维导图和多色思维导图。

单色思维导图

单色思维导图（如图1-41）不仅仅可以用常用色黑色和蓝色绘制，任何一种颜色都是可以用于绘制的。单色思维导图不受材料的局限，有笔有纸就可以瞬间捕捉我们思考中的灵感，适用于临时起思或突发奇想，也多用于导图初稿的创作，便于我们快速呈现思维导图。

图1-41　单色思维导图

多色思维导图

多色思维导图（如图1-42）是在条件允许的情况下，一种比较完整、全面的表达方式，能够从形、色、构等多个维度更好地体现导图的魅力，达到更好的阅读和记忆效果，相对于单色思维导图而言，更被大家所喜欢。

图1-42 多色思维导图

根据绘制阶段进行分类

可以分为初稿思维导图和完稿思维导图。

初稿思维导图

不是所有的思维导图都是一次性完成的，对于一些有欣赏、展示作用的导图，或者当一个问题需要反复推敲时，就要先绘制初稿思维导图（如图1-43），初稿思维导图更显随意性和变化性，在不停地调整中产生终稿。

图1-43 《造字法》初稿思维导图

完稿思维导图

在初稿思维导图的基础上不断完善、修改，最终形成完稿思维导图（如图1-44）。完稿思维导图除了在视觉上更美观以外，最主要的是呈现的是当下最最优化的思维。

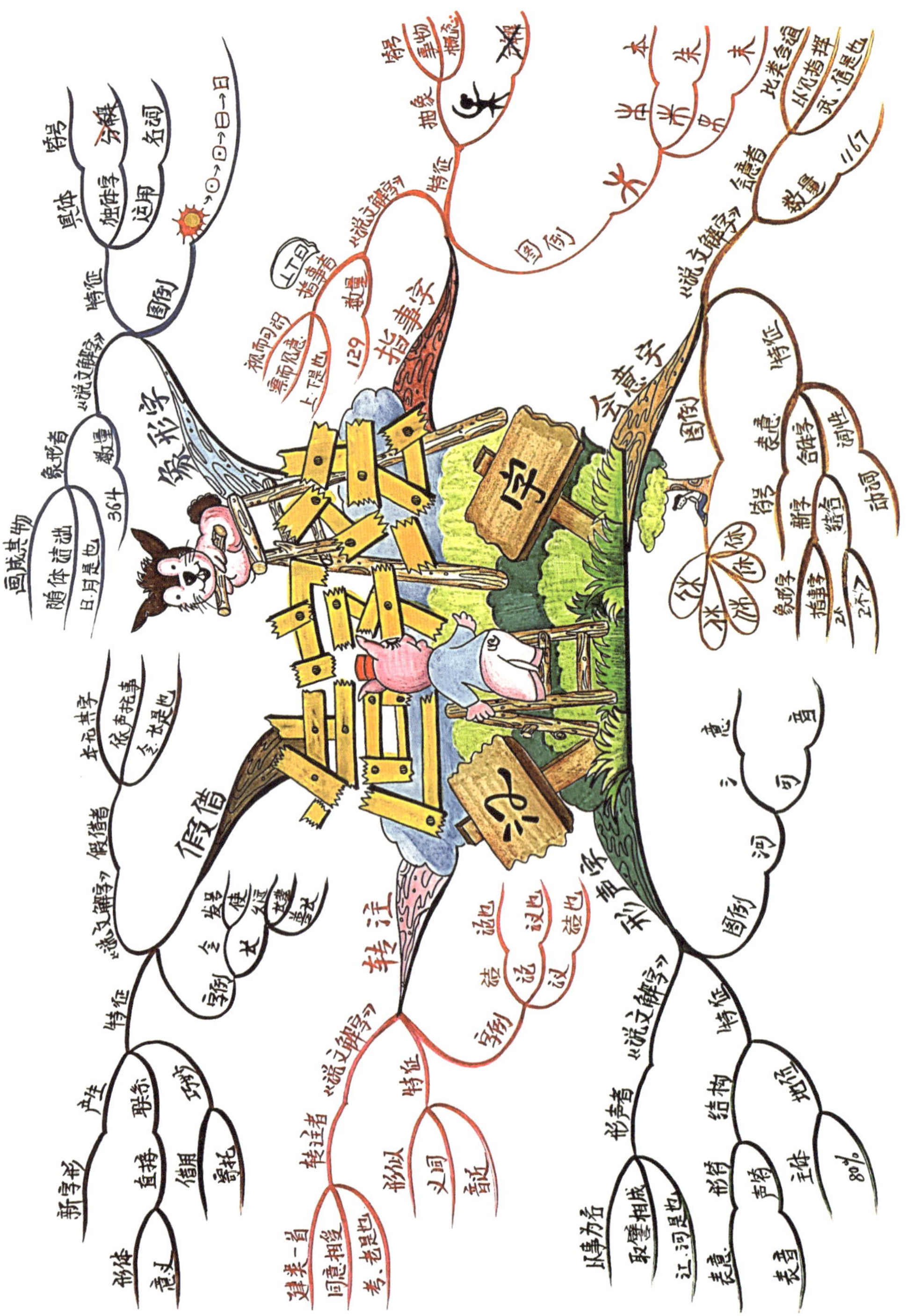

图1-44 《造字法》完稿思维导图

054　思维导图高效学习地图

根据绘制人数进行分类

可以分为单人思维导图和集体思维导图。

单人思维导图

单人思维导图是个人独立完成的导图,适合独立思考时使用,大多数思维导图都是单人独立完成的。

集体思维导图

集体思维导图是多人共同完成一幅导图,适合在大型主题的集体头脑风暴中使用,在学校、家庭中出现较多。参与者从不同角度、基于不同观点进行思维梳理,最后用集体思维解决问题。

手绘导图工具介绍

随着生活质量越来越高,文具的品种也日益增多。很多初学者不知道如何选择绘图工具,特别是有一些同学会按照美术课的需求来准备工具,结果在选择工具和使用工具上浪费了很多时间。其实,绘制思维导图和画画在工具准备上是有差别的,思维导图需要准备的工具侧重于绘制出清晰的导图,画画需要准备的工具侧重于作品艺术美感的呈现。为了帮助大家走出选择材料的误区,我们来介绍一下手绘思维导图的常用工具。

纸

思维导图的画纸应为白色空白纸(如图1-45),横向绘制,常用规格为A3、A4。

图 1-45　横向空白纸

为什么要选择白色纸张？

选用白色画纸，能够衬托画面内容，最大限度地呈现出色彩的鲜艳度，而且白色画纸不会干扰思维，能够在创作过程中更好地辅助大脑安静思考。

为什么要选择空白纸？

如图 1-46 所示，空白纸与信纸、方格纸相比较，后两者给人一种拘束感，好像思维被限制住了，缺乏广阔的空间感，而空白纸给了我们更多的表达空间，让大脑更自由、更奔放。思维导图强调思维发散的重要性，空白纸在这方面起到更好的促进作用，并且绘制完成后内容更醒目。

图 1-46　空白纸、信纸、方格纸

纸张为什么横放?

有数据显示,同样面积大小的纸张,横放能够给人带来更大的空间感(如图1-47)。也就是说,横放纸张会让人感觉纸更大,而且心情更放松。设想一下,同样体重的两个人,一个胖胖矮矮的,一个瘦瘦高高的,胖胖的人会让我们更有亲切感。横放纸张给我们的心理感觉亦是如此。横放纸张还有其他多个原因,比如我们的眼睛,视幅宽度要大于高度,横放纸张会在视觉上更舒适;我们在转脖子时,会不由自主地左右转,目光横扫,这些观察事物的习惯无论从心理层面,还是生理层面,都更适合将纸张横放。所以,大家在绘制思维导图时把纸张横放更有助于绘制。

图1-47 竖放纸张和横放纸张对比

笔

根据用途的不同,可以将笔分为打稿笔、勾线笔、画线笔、涂色笔、写字笔。要注意,不是每种笔都要买齐全,根据自己的喜好和实际使用的需求进行选择即可。

打稿笔

打稿笔适用于初稿思维导图或者单色思维导图的绘制,其优点是可以擦除痕迹,容易修改,缺点是如果经常擦除,使用者会产生依赖,绘制导图的速度会变慢。东尼·博赞先生曾说过,"不要擦掉你在导图上的任何信息",所以在这里不建议大家过度使用打稿笔。

勾线笔

勾线笔的作用是加粗画面边缘,让导图更具体、更清晰,起到塑形和强调的作用。勾线笔要具备速干的特点,速干勾线笔在勾线后不会晕染画面,有助于提高绘制速度,保持画面整洁。颜色应以黑色为主。下面对比一下没有勾边的思维导图和有勾边的思维导图的呈现效果。

没有勾边:不聚焦,不醒目。如图1-48。

图1-48 没有勾边的思维导图

有勾边：聚焦、清晰、醒目。如图 1-49。

图 1-49　勾边的思维导图

画线笔

画线笔的用途是绘制线条（主干和分支），可以和涂色笔共用一套画笔，选择马克笔和水彩笔都可以。因为线条要表达出柔软的感觉，所以我们可以选择软头水彩笔画线条，这样可以更好地绘制出流畅饱满的感觉。可以根据纸张大小选择笔的粗细型号。

涂色笔

涂色笔要选择颜色鲜艳、纯度高的画笔，可以选择马克笔或水彩笔。用 8~12 种基础色的画笔即可，不建议大家购买 100 多种甚至更多颜色一套的画笔，因为颜色越多越干扰我们的选择，适用、够用即可。

写字笔

写字笔分为大号、中号和小号。写字笔不同于涂色笔，因为如果太粗，写出来的字容易看不清楚，所以，中心图上最大号的字可以用马克笔书写，主干和分支上的字最好选择尖头笔来书写，如纤维笔、水彩笔等，这样书写出来的字才能清晰。

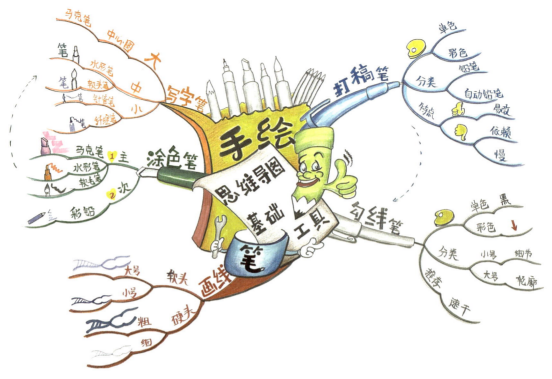

图 1-50 手绘思维导图基础工具

其他工具

在思维导图分类中提到了很多种导图绘制的形式，所以也可以准备一些综合材料辅助绘制，比如用圆规画圆，用图形尺画小图标等，都是可以探索和使用的，这些工具可以提高绘制导图的兴趣，增强导图魅力。

手绘导图绘制步骤

旅行时如果有旅行地图，就能指引我们更好地参观游览，全盘了解整个路线，知道接下来该如何走，避免走回头路。思维导图其实就是一场思维的旅行，也有其绘制步骤，正确的绘制顺序可以提高绘制效率。根据不同的应用场景，可以分为两种绘制方法：第一种，从整体到局部进行绘制；第二种，从局部到整体进行绘制。两种绘制方法的区别在于第二步和第三步,"从整体到局部"要根据内容先完成所有大纲主干,再依次画分支;"从局部到整体"要先完成一个主干的所有分支,包括子分支,再按照主干顺序顺时针依次绘制其他主干和分支。

第一种绘制方法

从整体到局部的绘制方法,适用于知道所要表达的内容是什么时,比如阅读、复习等,能够从整体到局部总结、概括、表达相关信息。

从整体到局部的绘制步骤

第一步,明确主题,绘中心。如图1-51。

图1-51 绘制中心图

第二步,收敛思维,画主干(画出所有主干)。如图1-52。

图1-52 画出所有主干

第三步，拓展思维，探分支（先画出第一个主干上的分支）。如图1-53。

图1-53　第一个主干上的分支

第四步，顺承主干，加信息（依次画出其他主干上的分支）。如图1-54。

图1-54　完善其他主干上的分支

第五步，完善箭头，做关联。如图 1-55。

图 1-55　用箭头进行信息关联

第二种绘制方法

从局部到整体的绘制方法，适用于预先不知道所要表达的内容是什么时，比如听记、创作等，能够从局部到整体推理、提炼、展现有用信息。

从局部到整体的绘制步骤

第一步，明确主题，绘中心。如图 1-56。

图 1-56　绘制中心图

第二步,收敛思维,画主干(先画出第一个主干)。如图 1-57。

图 1-57 画出第一个主干

第三步,拓展思维,探分支(画出第一个主干的所有分支)。如图 1-58。

图 1-58 第一个主干上的分支

第四步,顺承内容,写提炼(依次画出其他主干和分支)。如图 1-59。

图 1-59 提炼其他主干和分支

第五步，完善箭头，做关联。如图 1-60。

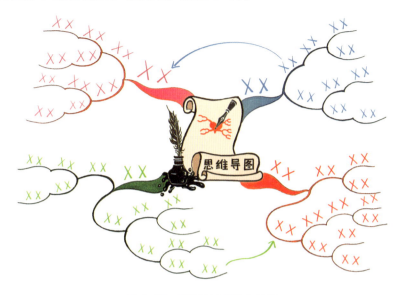

图 1-60　用箭头进行信息关联

手绘导图绘制规则

思维导图中的每一个组成要素都有其存在的原理和绘制规则，绘制规则是原理的外在呈现，只有符合绘制规则，思维导图这个工具才会更有效。"工欲善其事，必先利其器"，如若利其器，必先守其则。

中心图绘制规则

中心图的意义

中心图在思维导图中的意义就像心脏在我们身体中的意义一样，输送血液，保障身体最基本的运行。如果我们的思考没有主题，或者主题不是从中心发出的，就容易出现无题、跑题、偏题、离题的现象，比如长篇大论却又不知道在说什么。这种不从中心主题出发的思维方式会大大降低我们的学习效率。

思维导图中心图存在的意义就是，时刻提示我们要击中主题，明确中心。同时，绘制中心图的过程也是对主题进行思维发散的过程。边画边思考，边思考边画，对主题的思考是从无到有的累积。

中心图内容

中心图内容需要图文并茂，既有文字的精准表述，又有图像的补充说明，文字从理性角度锁定目标，图像从感性角度拓展思维。如图 1-61。

图 1-61　中心图内容对比

注意事项

第一，中心图的颜色要三种以上，颜色单一视觉聚焦效果不明显，对于图像信息的表达也不全面。三种颜色以上的中心图视觉效果更好，表达力更强。如图 1-62。

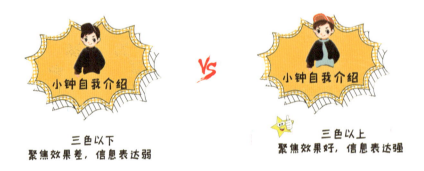

图 1-62　中心图颜色对比

第二，中心图的图像要符合中心图的文字内容，以便更好地辅助文字说明或围绕主题发散思维，图像不符合文字反而会干扰思考。如图1-63。

图1-63 中心图图文一致性对比

第三，中心图的文字一定要准确，紧扣主题，否则导图中所有的绘制都将是无效、无用的。文字要醒目突出，字号是思维导图中最大的，这样才能凸显主题，吸引眼球。如图1-64。

图1-64 中心图文字对比

中心图绘制工具

打稿：简单的中心图建议直接用速干勾线笔进行打稿（如图1-65），省时省事。

图1-65 速干勾线笔打稿

复杂的中心图建议用铅笔进行打稿（如图1-66），特别是创意性导图，方便在绘制中进行不断构思。

图1-66　铅笔打稿

上色： 用马克笔或水彩笔上色，颜色要鲜艳。

中心图构图

中心图要处于整幅思维导图的中心，占版面的九分之一大小为最佳（如图1-67）。

图1-67　中心图位置

中心图绘制步骤

中心图的绘制绝不是形式主义，为了好看而画。简单的中心图可以直奔主题，击中命题，复杂的中心图能够帮助我们发散思维，激发出关于主题的联想。中心图的每一个绘制步骤都可以作为中心图的一种绘制方法，要根据导图的绘制需求而选择绘制方法，不要片面对待。

第一步，击中主题，确定主题文字信息。

第二步，扩散联想，围绕文字主题进行发散思维，形成初级图像，图像要紧扣主题。

第三步，深入思考，根据最初思考后的内容再发散联想，探索更深入的内容方向。

以《小钟自我介绍》为主题来展示中心图的创作过程，将绘制与思维进行有效的结合。如图 1-68。

图 1-68 中心图绘制步骤

小结

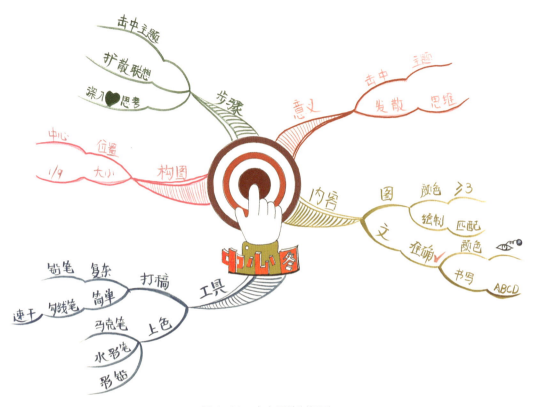

图 1-69 中心图绘制规则

线条的绘制法则

线条的意义

思维导图中的线条（主干和分支）是一条条纽带，呈现图与图、词与词、词与图之间的关系。如果没有线条，思维将处于一种无章、无序、重复、受限的状态；有了线条的衔接，不仅能够厘清思路，还能够通过线条的框架结构延展和发散思维。

我们的大脑相当于一台大型高能计算机，约有 120 亿~140 亿个神经元，每天产生超过 50000 个想法，比如看到"小钟自我介绍"这个主题后，会发散性地产生很多关于介绍的信息，这些信息会散点式、放射状地呈现在大脑中。

下面以"小钟自我介绍"为例,展示如何借助思维导图将无序的散点式信息(如图1-70)一步步有序地发散和延展。

图1-70 "小钟自我介绍"无序的散点式信息

第一步,用思维导图整理思维(如图1-71)。

用思维导图将无序的散点式信息进行整理和归纳,可以使信息更加有条理、有逻辑,有了线条的承载,可以将思维更清晰地展示出来。

图 1-71　用思维导图整理思维

第二步，用思维导图横向扩展思维（如图 1-72）。

用思维导图初步将大脑中的散点式信息可视化地整理后，可利用线条（主干）继续进行思维扩散。

图 1-72　用思维导图横向扩散思维

第三步，用思维导图深度延展思维（如图1-73）。

可以借助线条继续进行思维的延展，将信息关联起来，更加深入地思考。

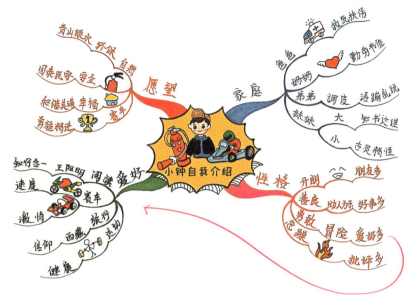

图1-73 用思维导图深度延展思维

线条的内容

线条的内容包括主干、分支和箭头。同一条主干下，主干和分支的关系相当于父母和孩子的从属关系。箭头包括实箭头和虚箭头，它们分别代表实链接和虚链接。

线条的绘制工具

我们一般可以选择马克笔或者水彩笔来绘制线条。马克笔画出来的线条比较粗，适合在大纸上画图时使用。水彩笔分为硬头和软头，软头水彩笔会更有利于呈现线条的柔韧性，使我们的思维更流畅。大家可以根据自己的用笔习惯进行选择。

线条的绘制

• **形状**

主干：基础形状为牛角形状，由粗到细。

分支： 流畅的曲线。

箭头： 流畅的曲线，指向明确。实箭头代表实链接，虚箭头代表虚链接。

图 1-74　主干、分支和箭头的绘制

- **颜色**

同色关系： 同一主干下的分支与主干同色，可以更好地表达从属关系。就好像父母和孩子穿亲子装，更容易让人识别出亲子关系一样。如图 1-75。

图 1-75　颜色的正确表达和错误表达

对比关系： 临近的主干与从属分支用对比色呈现，更容易区分信息。

正确的线条用色：临近的主干和从属分支为对比色（如图 1-76）。

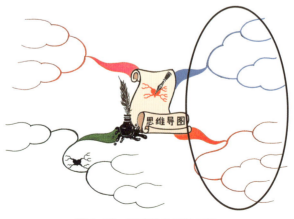

图 1-76　正确线条用色示例

错误的线条用色：临近的主干和从属分支为相近色（如图 1-77）。

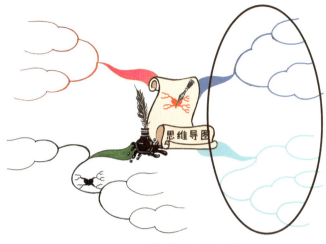

图 1-77 错误线条用色示例

常用的对比色可参考图 1-78 思维导图专业配色环进行选择。

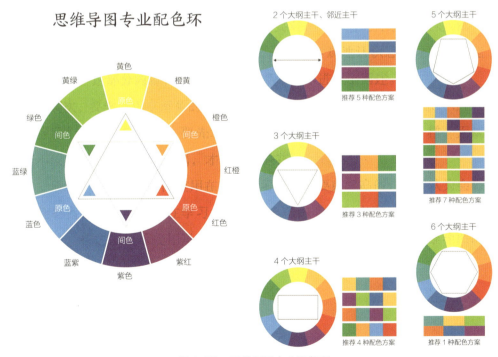

图 1-78 思维导图专业配色环

链接关系：箭头颜色要与发出信息的线条颜色保持一致。

正确的箭头绘制：箭头颜色与发出信息的线条颜色一致（如图 1-79）。

图 1-79　正确的箭头绘制

错误的箭头绘制：随意选择箭头颜色（如图 1-80）。

图 1-80　错误的箭头绘制

- **长度**

主干和分支的长度：稍稍大于关键词和关键图的长度即可，线条过短承载不全图文信息，线条过长浪费空间。如图 1-81、图 1-82、图 1-83。

图 1-81　正确绘制：线长稍大于字（图）长

图 1-82　错误绘制：线长小于字（图）长

图 1-83　错误绘制：线条过长

● **布局**

顺序：线条的布局就好像写汉字一样，汉字要根据笔画按照正确的笔顺进行书写，每一个笔画书写的好坏决定了字是否好看，好看的字既美观，又能让我们在阅读时不容易出错。思维导图中的线条也是一样的，线条布局也有顺序，主干从时钟 12:00~1:00 方向起始，顺时针旋转绘制或阅读（如图 1-84）。

图 1-84　线条的布局顺序

顺畅：线条的布局是否清晰顺畅，决定了信息能否清晰、准确地传递。字如其人，线如其思。所以，我们要工整地绘制思维导图，像练字一样练习绘制线条，确保思维导图的有效性。

错误绘制：线条杂乱，干扰信息（如图1-85）。

图1-85 线条的错误绘制

正确绘制：线条整洁，清晰舒畅（如图1-86）。

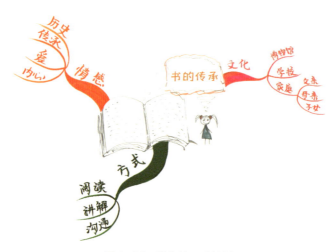

图1-86 线条的正确绘制

顺利：有很多错误的线条绘制方式，比如线条中断，错误衔接等，导致信息不能完整地展示出来。所以，我们要正确绘制线条，保证信息正确、顺畅地表达。

如图 1-87,蓝色为错误线条,线条方向不利于书写与观赏,红色为正确表达。

图 1-87　错误线条 VS 正确线条

如图 1-88,蓝色为错误线条,线条断点,不利于信息连接,红色为正确表达。

图 1-88　错误线条 VS 正确线条

如图 1-89,蓝色为错误线条,线条弯曲,不利于区分信息节点,红色为正确表达。

图 1-89　错误线条 VS 正确线条

如图 1-90,蓝色为错误线条,线条转折、密集,不利于书写与观赏,红色为正确表达。

图 1-90　错误线条 VS 正确线条

如图 1-91，蓝色为错误线条，大括号可变为分支，放在主干后面，红色为正确表达。

图 1-91　错误线条 VS 正确线条

如图 1-92，蓝色为错误线条，分支节点不明晰，容易混淆逻辑关系，红色为正确表达。

图 1-92　错误线条 VS 正确线条

- **装饰**

对线条进行装饰并不是为了好看，我们看到很多导图为了装饰而装饰，实际上是无用的，反而会浪费很多时间。正确的线条装饰其实是为了强调重点，而且装饰必须要符合线条上信息的内容，不要哗众取宠。

正确装饰："愿望"主干的配图（望远镜可以寓意美好的愿景）符合主干信息（如图 1-93）。

图 1-93　正确装饰

错误装饰:"愿望"主干的配图与主干文字信息不符(如图 1-94)。

图 1-94 错误装饰

错误装饰:四个主干都有配图,无重点(如图 1-95)。

图 1-95 错误装饰

线条结构

线条的不同结构代表不同的逻辑关系，常用的逻辑关系有总分、并列、因果、递进。

- **总分关系结构图**

图 1-96　总分结构

举例：一年有春夏秋冬四个季节（如图 1-97）。

图 1-97　一年四季总分结构

- **并列关系结构图**

并列结构就是同级别的线条属性相同，如春、夏、秋、冬都属于季节，都是名词，所以春夏秋冬是并列关系。

图 1-98　并列结构

- **因果关系结构图**

图 1-99　因果结构

例 1：因为迟到而产生的后果（如图 1-100）。

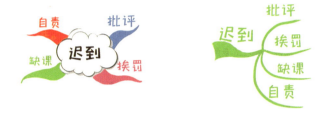

图 1-100　迟到的后果

例 2：为什么迟到，迟到有哪些后果（如图 1-101）。

图 1-101　迟到的原因和后果

- **递进关系结构图**

图 1-102　递进结构

举例：通过苹果想到了苹果树，通过苹果树想到了牛顿，通过牛顿想到了万有引力（如图 1-103）。

图 1-103　苹果的递进联想

小结

图 1-104　线条的绘制法则

关键词

关键词的意义

思维导图中的关键词能够帮助我们快速抓取关键信息，表达核心内容，简明要义，疏通脉络。正确提取关键词，梳理关键词关系，在大量的信息中去粗取精，用最少的字来概括最多的信息，才能真正做到一言穷理、纲举目张。

关键词提取有几种常见的错误。

错误一：长篇大论，句子不经过加工直接书写出来，没有关键词提取。

错误二：只把句子进行简单切割，没有筛选出关键词。

错误三：关键词提取错误，提取的关键词不能表达句子要义。

以"学生必备的基础学习能力"为例（如图1-105）：

错误一：长篇大论

错误二：单纯切割

错误三：错误提取

图1-105 关键词的错误提取方式

可以从三个角度出发，正确提取关键词。第一，便于记忆，如果提取关键词是为了好记，那么可以提取相对完整的信息；第二，便于理解，根据自己的理解与所要应用的场景提取重点，可以是原文词汇，也可以是自己总结出的词汇；第三，具有概括性，需要浓缩信息，只抓核心信息，一步到位简要概括。无论是记忆、理解还是概括，都要保证提取的关键词能够正确表达原文。

以"学生必备的基础学习能力"为例（如图1-106）：

便于记忆　　　　　　　便于理解　　　　　　　具有概括性

图1-106　关键词的正确提取方式

关键词的内容

先了解词，才能更好地提炼出关键词。词并非都由两个或两个以上的字组成，例如，"江"是大河的通称，代表一定的意义，能够独立使用。词语按照词性分类，可分为名词、动词、形容词、数词、量词、代词等，在众多词性中，最能说明关键信息、表达力最强的就是名词和动词，是重点提取词，其他类型的词为辅助性提取词。

- **重点词汇**

名词：表示人或事物名称的词，具有一定的说明性。

动词：表示人或事物行为动作、心理活动、发展变化的词，具有一定的引导性。

- **辅助词汇**

形容词：表示人或事物性质或状态的词，具有一定的解读性。

- **陪衬词汇**

陪衬词汇指数词、量词、代词、副词等除名词、动词、形容词之外的词汇。在提取关键词时，陪衬词汇通常会被忽略，但在涉及更为细致的导图信息需求时，比如数学学科、历史学科涉及数量、时间或程度时，要注意数词、量词和副词的提取。

关键词的书写工具

书写文字最好使用纤维笔，纤维笔是尖头笔，可以很好地呈现文字，特别是笔画比较多的字，用纤维笔更清晰。

关键词的书写要求

• **位置：一线一词，词在线上。** 如图 1-107。

图 1-107 关键词位置

• **大小：汉字字号由大到小。** 通过字号大小区分主次，从主干到分支，字号逐渐减小，便于识别逻辑层级（如图 1-108）。如果子分支层级比较多，分支上的字号可以统一大小。

图 1-108 关键词大小

英文区分大小写。 除人名、地名、国家名等专业名词要大写外，其他在主干上的英文单词也要全部大写，二级分支上的单词首字母大写，三级分支上的单词字母全部小写。如图 1-109。

图 1-109 英文大小写

• **颜色：字线同色**。很多初学者认为导图的文字颜色越鲜艳越好，五颜六色更有吸引力，其实不然，字线同色才能更好地区分信息，让思维更聚焦。如图 1-110。

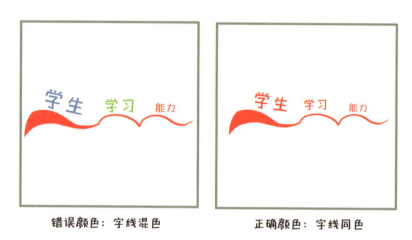

图 1-110 关键词颜色

• **方向：从左到右**。思维导图以中心图为原点，左右两侧都有主干与分支，无论是左侧的关键词，还是右侧的关键词，都要从左到右进行书写，以便阅读。如图 1-111。

图 1-111 关键词书写方向

关键词的提取方法

第一，撒网捕鱼。

渔民在把网抛出去的时候，会形成一个个方格，将水面分成不同区域进行捕鱼。提取关键词的第一步，就像撒网捕鱼一样，先分板块，逐渐由大化小。书籍划分章节，文章划分段落，段落划分句子，句子划分词汇。句子和词语是基础单位，划分板块后要注意梳理关系。

第二，海鸥叼鱼。

在海面上空飞翔的海鸥，会边飞翔边俯视海面，一旦海面出现鱼的踪影，就俯冲下去。划分完段落与层级后，我们就要像海鸥叼鱼一样，从高处着眼，快速提取出关键词。

第三，徒手捞鱼。

关键词分为两种，一种是原信息中讲述的关键词，另一种是我们自己总结出来的关键词，就好像没有任何工具的时候，我们自己徒手捞鱼一样。可以根据自己的知识储备，用自己特有的方式进行梳理总结，适用于整理课堂笔记，或者给逻辑欠缺的内容做整理。使用这种方法要有明确的目标意识，带着目标意识会帮助我们对与目标相关的内容做出敏感的反应，久而久之变成绘制习惯。

关键词的具体提取方法，会在第三章进行具体讲解。

关键词提取训练

无论是海鸥叼鱼，还是徒手捞鱼，要想做到稳、准、快地捕到鱼，就要进行正确的训练。提取关键词也一样，要想快速、正确地压缩信息，凝练表达，也要进行日积月累的训练。提取关键词训练有三个"先后"：先少后多，先简后繁，先今后古。

第一，先少后多。 在进行训练时，要先从信息量少的内容入手，逐渐增大篇幅（如图1-112）。因为信息量越大，就要有越强的提取能力，如果提取能力不足，就会在提取的过程中产生挫败感，甚至因提取错误而扰乱了正确信息的表达。

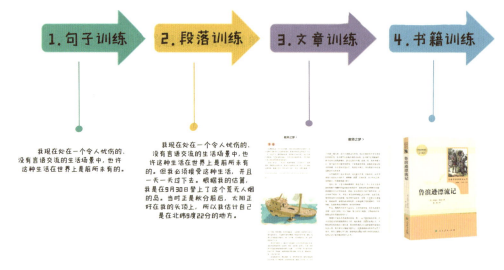

图 1-112　先少后多训练方法

第二，先简后繁。先从结构简单、清晰明了、容易理解的内容开始训练提取关键词，比如先从总分、因果、并列、递进关系明显的内容开始训练，再对结构复杂、有混合关系的内容进行训练（如图 1-113）。

图 1-113　先简后繁训练方法

第三，先今后古。相对于现代文，古文的关键词提取更有难度，因为古文已经行文简练，骈俪对仗。所以，在进行关键词提取训练时，可以先从现代文着手，能够顺畅地对现代文进行关键词提取后，再进行古文训练。

小结

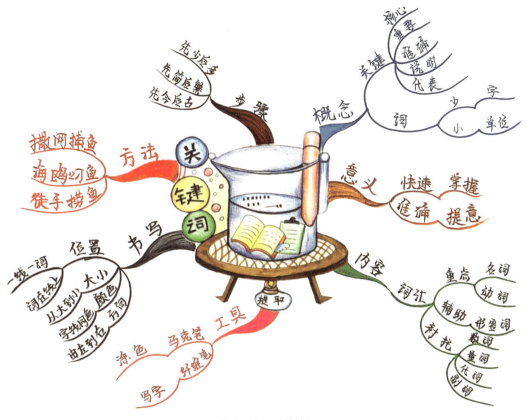

图 1-114 关键词

图标

图标的意义

人类通过语言、文字、图像、行为等方式对思维、想法进行意识化表达，如用语言说、用文字写、用图像画、用行为演。其中，图像集合了语言、文字、行为三者之优点，能使意识更加清晰，更有利于表达。图像是人类最原始的信息工具，史前时期，人类就在洞穴或岩石壁上绘制图像，比如西班牙北部阿尔塔米拉洞窟中的壁画（如图 1-115）。

图 1-115　阿尔塔米拉洞窟壁画

远古时代，人们通过栩栩如生的图像向我们述说着 300 万年前的故事，这些图像就是沟通与交流的开始。从一个人到另一个人，从一个部落到另一个部落，从一代人到下一代人，从图像到符号，再到文字。文字源于图像，就是这样演化而来的。所以，图像是我们的原语言，对图像信息的反应是人类最原始的能力。

思维导图中的图标浓缩了图像的意义，可以帮助我们强化记忆、强调重点、强大信息。

- **强化记忆**

通过下面的表格我们来对比一下传统记忆和图像记忆的效果差异。通过比较，不难发现，图像比文字更容易记忆，图像要比文字记得更牢固、更多。思维导图中每一个小图标都是提升我们记忆的好帮手。

传统记忆和图像记忆对比

记忆方法	传统记忆	图像记忆
记忆内容	文字	图像
记忆器官	左脑	右脑
短时记忆容量	7 个组块左右	70 个组块以上
记忆效率	低	高
受欢迎程度	低	高

- **强调重点**

与文字相比，图标更具有吸引力，在思维导图中，重点之处使用图标会更吸引人的注意力，更具强调作用。

- **强大信息**

图标更具有想象力、创造力和解读力。遇到抽象、难理解、晦涩、逻辑关系复杂的信息时，需要用图像来翻译文字，使文字直观易懂（如图1-116）。

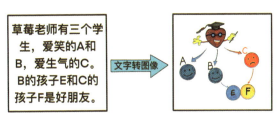

图1-116　文字转图像

图标的内容

- **图像**：即关键图，根据导图内容适当地在关键处插入。
- **序号**：需要表达步骤或者序列信息时，用序号进行标注，常用的序号有数字序号、字母序号（如图1-117）。

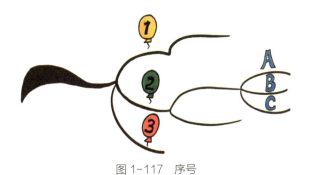

图1-117　序号

画图工具

- **勾线笔**：用于起稿，可以起到明确边界的作用，让图标更聚焦。
- **涂色笔**：可以选择水彩笔、马克笔、彩铅。

图标的分类

- **简图简意**：简单的符号对绘制要求比较低，可以让信息一目了然，是直接、简单、明确的图像语言（如图 1-118）。

图 1-118 简图简意图标

- **本图本意**：通过图像把信息直观地展现出来，多用于表达名词。

例如：将植物、动物、人物、食物的名称用本图本意的图标进行转换（如图 1-119）。

图 1-119 本图本意图标

- **专图专意**：多用于公共场合或者国际通用标志，例如，天气、手势、表情、运动标志等。此类图标受众比较广泛，大众熟悉度比较高，可以覆盖不同国家、种族、性别和行业。

常见专图专意的图标整理如图 1-120。

图 1-120　专图专意图标

- **一图多意：** 一个图像可以引发很多想象和联想，不同的人看可能会有不同的解读，放在不同的情境下会有不同的含义。此类图标多用于表达动词。

例如：加号在数学中代表"相加"，在数据分析中代表"增长"，在感情中代表"结合"，在餐饮中代表"添加"，如图 1-121。

图 1-121　一图多意图标

- **多图一意**：用多种方法表达一个信息的内容，能够起到强化记忆的作用。记忆性图标的转换方法有谐音法、夸张法、增减字法和替换法。

谐音法：如果一个词比较抽象，不易转换成图标，就可以用谐音法进行转换。比如"压力"的图标比较难绘制，可以用谐音把"压力"转换成"鸭梨"，"压力"的谐音法记忆图标就是"鸭梨"的图像。

夸张法：越是夸张、极端的形象，记忆就越深刻。夸张法就是把图标夸张化，进行幽默表达、拟人表达，对字体进行特殊设计等。比如"压力"可以通过字体设计来表现其含义。

增减字法：对于比较晦涩的词汇，可以通过增字或者减字的方式，把词汇变得易于表达和理解。比如"压力"可以变成"压力山大"，用风趣、幽默的方式减少记忆难度。

替换法：把所要转换的文字信息，用国际通用符号、公用标识进行替换，使其更有普及性，提高识别度。比如"压力"可以替换为"压力表"，用通用符号表示。

图 1-122 "压力"记忆图标（周怡彤绘）

画图技巧

• **颜色**：图标的颜色要跳出周围环境的色系，因为图标本身就有强调作用，所以颜色可以使图像内容跳出来。

• **位置**：图标和关键词一样画在线上，大小与线条长短相符。

• **方法**：在这里给大家介绍的方法并非美术上的出图课，而是一种图像形成的思维，让初学者能够从能看、能画，到能想、能画，也就是能够先做到看到什么就能画什么，然后能做到想到什么就能画什么，这是从观察到创作的过程。

方法一，图像拆分——能看能画

绘制图标之前，不要看到什么就马上画什么，而是要学会观察。曾经有一位著名的艺术家说：教别人学会了观察，就教会了他画画。所以绘制前的观察非常重要。首先要观察事物，观察出事物是由哪些几何形状组成的，然后将其拆分，最后完成图像（如图 1-123）。图像拆分会让我们知道这个图是怎么画出来的，带着这样的观察思维经常进行绘制训练，就会生成自己的创作能力。

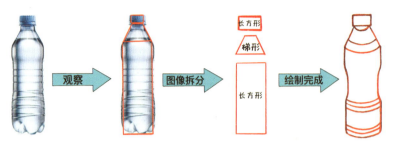

图 1-123 图像拆分

方法二,图形组合——能想能画

经过一段时间的观察和思考后,我们就可以尝试根据自己的想法进行创作了。将图形从简单到复杂进行组合,完成我们脑海中想要的画面。例如,想把矿泉水瓶用拟人的方式表现出来,使其更具有记忆和强调的作用,我们就可以用图形组合的方式进行绘制(如图 1-124)。相信自己,我们每个人都是艺术家,当我们具备绘图能力的时候,会为自己因为学会思维导图提高了学习效率而欣喜。

图 1-124 图形组合

小结

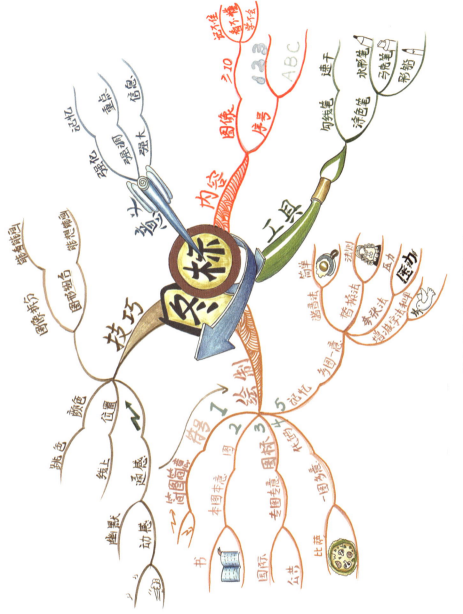

图1-125　图标的绘制规则

第一章　好工具：认识思维导图

好读：思维导图阅读要领

阅读思维导图的重要意义

我们不仅要学会绘制思维导图，还要学会阅读思维导图。阅读思维导图有四个重要意义。

第一，通过导图内容快速搜集关键信息。

第二，通过阅读导图学习导图思维。

思维导图是内在思维的显性表达，通过具体的导图我们能够与作者的思维进行沟通。不同的人面对同一事物绘制出的导图不尽相同，我们可以从导图中读到作者的创新思维、逻辑思维。通过阅读，可以找到与作者达成的共识观点，也可以形成自己的批判观点，在阅读导图中不断进行思考。

第三，通过阅读导图判断出思维能力的强弱与高低，从而更好地进行思维训练。

导图也像书籍一样，有的扣人心弦，有的空洞无物，不是所有导图都是耐人寻味的。所以，不仅要会阅读别人的导图，也要养成阅读自己导图的习惯，在阅读中发现问题，在绘制中解决问题。

第四，通过阅读导图走进作者的心灵深处。

思维导图中的中心图和图标是绘画的一种体现，而绘画是创作者的印迹，留下了时间和空间的痕迹。通过阅读思维导图中的图像语言，可以走进作者的内心世界。

如何正确阅读思维导图

第一步，明确主题看中心。

首先要从中心图开始看，了解思维导图的主题，知道是什么类型的思维导图，这幅导图是用来做什么的。

第二步，提纲挈领看主干。

明确导图主题之后，按照顺序阅读主干，了解是从哪几个方面、按照什么逻辑对主题进行总述的。

第三步，局部层级看分支。

知道了主题和纲领后，逐个阅读主干下的分支，进一步了解对每个主干的具体阐述，从整体到局部。

第四步，重点信息看图标。

导图中插图的地方都是重点、难点或者疑点，有强调和提示作用，所以要对图标处重点阅读，解读出更全面的信息。

第五步，整体回述看全貌。

最后从局部回到整体，阅读全貌，加深印象，加入自我分析与总结。

思维导图
高效学习地图

习惯篇

好习惯
用思维导图培养良好的学习习惯

规划·预习·记笔记·复习·备考·实战

第二章

好习惯
用思维导图培养良好的学习习惯

导　语

第一章为大家介绍了思维导图的理论与绘制,帮助大家了解、掌握思维导图这一有效的学习工具。有了好工具,接下来就要让好工具最大限度地为学习服务。学生每天都在学习,完成老师布置的作业,复习当天的内容,预习次日的课程,备战考试等,在学习的路上似乎都是在老师的推动下被动前行的。而良好的学习习惯,可以把散点式的学习变成系统布局式的学习,让学习更有节奏、更连贯、有承接,通过高效的学习方法,提高学习效率。

著名的教育家叶圣陶先生说:"教育是什么?只需要一句话,就是养成良好的习惯。"本章就来讲解一下,如何用思维导图结合一天的学习内容养成良好的学习习惯,做好每日预习、记笔记、复习三部曲;如何根据一学期的学习安排,完成规划、预习、上课、复习、考试五大环节,最终实现自主学习。

用思维导图制订学习规划

制订学习规划的意义

第一,培养自律精神。

西奥多·罗斯福曾说:"有一种品质,可以使一个人从碌碌无为的平庸之辈中脱颖而出,这个品质不是天资,不是教育,也不是智商,而是自律。"自律的前提就是要知道自己到什么时间该做什么事情。制订好学习规划,就相当于自律的导向图、风向标。

第二,树立时间观念。

法国思想家伏尔泰曾这样描述时间:"世界上最长又最短,最快又最慢,最能分割又最广大,最不受重视又最值得惋惜,没有它什么事情都做不成,它使一切渺小的东西都归于消灭,使一切伟大的东西生命不绝。"时间对于每个人都是非常重要的,特别是在高效率、快节奏的时代,拥有良好的时间观念意义重大。制订规划并按照规划持之以恒地学习,是建立时间观念的重要方式。

第三,学会轻重缓急,做事有逻辑。

事有轻重,也有缓急,学习也是如此。不是每个学科都要安排在同一时间去学,也不是每个学科都一定要预习、练习、复习,我们要根据学科特点与实际学习情况来进行规划。比如,第二天有数学课和语文课,没有英语课,我们就可以先预习数学和语文,把英语的预习延后。知识的范围很广,很多同学有着强大的探索心与好奇心，但要学会在有限的时间里做出选择，有所为，有所不为；要学会给事情排序，知道轻重缓急，合理安排。

第四，稳中求进，离成功更近一步。

在制订学习规划的同时，要体现出短期目标与长期目标。清晰阶段性目标，配合规划付诸行动，每完成一个目标就会离成功更近一步，要带着指向感和成就感学习，而不是盲目学习、盲从度日。

如何用思维导图制订学习规划

学习规划有指引作用，越清晰简单，越有效率，用思维导图做学习规划就是一种非常好的方式。用思维导图做学习规划，可以省去很多烦琐的形式，方便快捷，便于抓住关键，一下就能知道整体安排。思维导图的发散结构便于在实践中根据情况进行修改与调整，关键词的展现便于抓住重点，快速执行。"时间"过于抽象，通过思维导图做时间规划，将具体的事情与时间联结，可以直观感受时间的概念。

图 2-1 认识时间

学习规划,根据不同的使用情况可以有不同的设计,对于学生来说,最常用的就是制订日学习规划、周学习规划以及学期学习规划。

日学习规划

日学习规划就是对每天的学习做一个计划与安排(如图2-2),重点在于养成良好的每日学习习惯,是时间横向安排的重点体现。包括起床与入睡的时间规划、在校期间的学习规划、校内校外的课业安排等。要培养"日清""日毕"的自律精神,养成做作业、复习、预习的习惯。

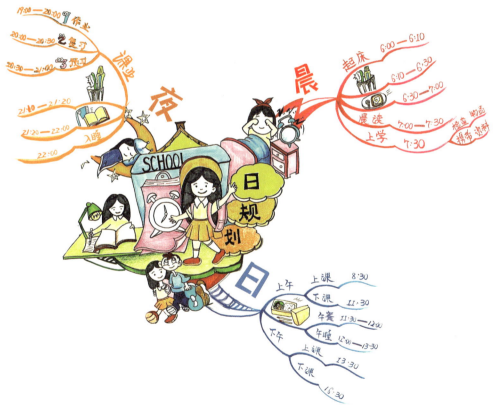

图 2-2　日学习规划

周学习规划

周学习规划即一周的时间安排（如图2-3），可以在周规划中规划校园时间、家庭时间、自由时间等。一周包括工作日与休息日，因此周学习规划可以涵盖家庭文化与个人思想，留出足够的空间和时间做需要在家庭中完成的和自己真正喜欢和擅长的事情，有所学并有所升华。周学习规划重点体现的是时间的纵向安排，能够全面地看到一周的统筹。

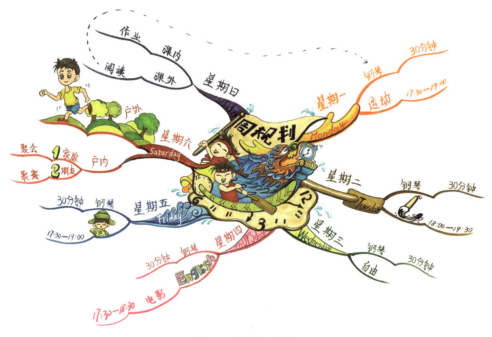

图2-3 周学习规划

学期学习规划

从踏入校园开始，学生每年都会在校学习两个学期，根据学校的课业节奏有规律地学习和生活。只有非常清晰地了解每学期的节奏，我们才能更全面地从整体上进行规划。我们可以在开学之初就进行统一规划：开学的准备工作、期中的复习工作、期末的总结工作，甚至是假期的安排，将家庭学习和学校课业节奏相结合，更加清晰地完成学习目标与制订的规划（如图2-4）。

图 2-4 学期学习规划

制订学习规划的注意事项

第一,对于低年级的孩子,家长要配合制订规划。先引导孩子认识时间,让孩子有时间感,再引导孩子了解日期,对一周的时间和一学期的时间有正确的认知。只有正确了解时间,才能合理地规划时间。家长在引导的过程中不要急躁,要有耐心。

第二,学习规划要符合实际,不要把时间安排得特别满。不要像运转的机器一样学习。时间安排一定要张弛有度,要符合身心发展。好的规划是高效学习的源头。

第三,要灵活执行。规划是在事情发生之前的预期,在执行过程中可能会有特殊情况或者超出预期的情况发生,这时要对规划灵活处理,并根据实际情况及时调整。规划是否需要调整可以从如下三个方面进行分析:第一个方面,规划的学习内容是否完成;第二个方面,没有完成规划的原因;

第三个方面，学习规划是否存在不合理性。根据检查结果进行分析讨论，科学合理地修改规划，让规划更有效。

第四，坚持不懈，日事日清。规划一定要执行才有作用，要培养孩子持之以恒的精神和当日事当日毕的做事习惯。

用思维导图做好预习

预习是一种学习方法，在老师讲课之前事先对未学的知识进行自学叫作预习。古人云："凡事预则立，不预则废。"古代带兵打仗要进行演习，演员上台表演要进行预演，老师上课之前要进行备课，可见提前对事物进行设计与彩排是多么重要，可以让事情的成功率提高很多倍。叶圣陶先生也曾说："练习阅读的最主要阶段是预习。"因此我们一定要养成预习的习惯，用思维导图做预习笔记，会让预习更简单。

预习的好处与意义

第一，养成凡事有准备的做事习惯。从小养成预习的习惯，久而久之凡事都会提前做准备，既能避免慌乱，又能提高做事的成功率，对孩子的学习及未来生活、工作都有长远的积极意义。

第二，掌握听课的主动权，让被动学习变成主动学习。如果能在上课之前进行预习，初步了解新的内容，找出学习内容的重点和难点，带着疑问去上课，无疑比没有任何准备，在不知道老师讲什么的情况下听课效率要高。特别是刚入学的低年级学生，对于一切都是新鲜的，上课时难免会出现手忙脚乱的情况，提前预习就会有效避免因为慌乱而干扰听课效率的情况出现，掌握听课的主动权。

第三，回想旧知识，连接新知识。用旧知识预习新知识，像滚雪球一样累积知识。知识与知识之间是紧密关联的，观察并提取知识点之间的关系，有效地进行组织，可以做到预习即复习，一举两得。

以《小学语文一年级下册》第一单元第五课内容为例，分享用思维导图进行预习的步骤。

第一步，回想旧知识。绘制气泡中心图"青"字（《小学语文一年级上册》第二单元第三课内容），绘制时可以根据对"青"字的理解进行配图，加深记忆（如图 2-5）。

图 2-5 以"青"字为中心，绘制中心图

第二步，连接新知识。围绕"青"字加不同的偏旁部首，组合成新课需要预习的生字，并为新字组词或搭配成语（如图 2-6）。

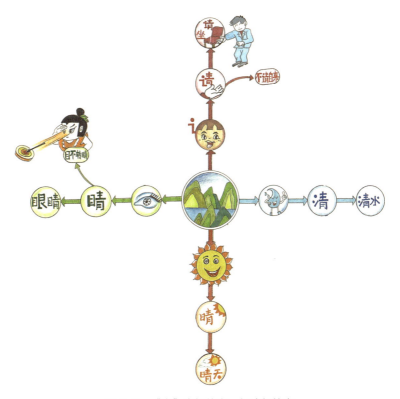

图 2-6 "青"字加偏旁，组成新的字

第三步，知识拓展。可以用偏旁部首延展出学过的字，对旧知识进行复习，拓展新字与新词的应用环境。比如可以根据"氵"旁，回忆出"江"和"河"，江水和河水又都可以用清澈来形容。再比如"目"字旁和眼睛有关系，和眼睛有关系的字有瞪、盼等（如图2-7）。低年级的孩子在预习时，要多用图像去表达，帮助理解和记忆。

图2-7　拓展同偏旁的字

在预习新课时，发现有不会和不懂的地方，通常有两方面的原因：一方面是新知识学不会；另一方面是旧知识没学好，影响了新知识的吸收。学习是循序渐进的过程，也是环环相扣的。在预习的过程中，可以弥补旧知识，拓展新知识，让新旧知识无缝连接。

思维导图预习五步法

预习的目的是提前了解上课要学习什么内容,对要学习的内容有所悟、所感、所得,思维导图预习五步法可以帮助我们迅速做到这一点。用思维导图做预习笔记的五个步骤分别是:**一看、二找、三连、四查、五画**。

第一步,"看"。迅速浏览所预习的内容,概览全篇,了解主题思想和整体结构。

第二步,"找"。用关键词提取课本中的要点和知识点,并表达出知识点之间的总分与并列关系。

第三步,"连"。找关联,连接新旧知识,同时将课本中的观点和自己的观点相连接,通过连接逐渐建立起自己的知识体系。

第四步,"查"。查找课内的练习与批注,或者和本课有关系的课外资料,拓展知识储备。

第五步,"画"。找出课本中的重点、难点与疑点,画出思维导图,做好归纳与整理,为第二天听课做好准备。

图 2-8 用思维导图做预习

以《小学语文一年级下册》第二单元《四个太阳》为例（如图2-9），用五步法进行预习。

图2-9 《四个太阳》课本内容

第一步，"看"。快速浏览文章后了解到课文的主题是四季中的太阳，根据春夏秋冬的季节变化给太阳画出不同的颜色。我们可以由此画出中心图，整理出课文的结构框架（如图2-10）。

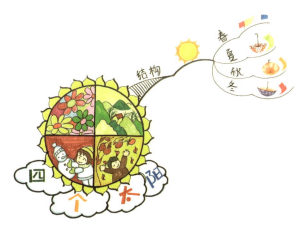

图2-10 了解主题和结构

第二步,"找"。找出课文中的知识点,这篇课文的知识点是由字和词组成的,可以把新字和新词表达在子分支下(如图2-11)。

图2-11 找出知识点

第三步,"连"。通过对本课的学习,可以回忆起第一课《春夏秋冬》,用不同角度对比关于季节的描述,将新旧知识进行连接(如图2-12)。

图2-12 连接旧知识

第四步,"查"。查找到课后练习,可以根据自身预习能力尝试解答(如图 2-13)。

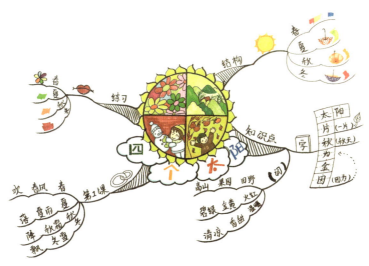

图 2-13　查找课后练习

第五步,"画"。重点的字和词在知识点中已经表达出来了,不需要再重复进行。例如,在新字中,"秋"字和"金"字是不会和不懂的字,可以标注成难点(如图 2-14)。如果有疑问,可以再标注出来,等上课时解决。

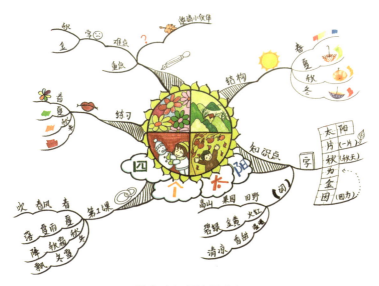

图 2-14　画出重难点

预习的注意事项

第一，不要认为走马观花地"看一遍"，就是完成预习了。很多同学忽略了预习的重要性，老师留预习作业，走马观花地看一下就认为是预习了。其实，这样的预习是无效的，只是在浪费时间，我们一定要带着思考预习，带着问题去听课。

第二，注意预习与复习及做作业的顺序。预习虽然非常重要，但是也要合理安排时间。放学后，首先要做家庭作业，完成必须完成的项目；然后对当天的学习内容进行复习，做到当日知识当日消化；旧知识掌握牢固后，最后才是预习。如果预习时间充足，可以深度预习、多学科预习，如果时间紧张，就可以只预习第二天上课的学科。

第三，用思维导图做预习，一定要注意绘制时间。低年级的孩子图像感很强，很容易混淆画画和绘制导图，家长一定要控制好孩子的预习时间，不要一味地让孩子享受画面效果。预习导图可以是第一章提到的单色导图，画面非常简单，能起到预习效果即可。当然如果时间充足，可以对画面的整体效果进行提升。

第四，预习不等于自学。低年级的学习内容比较简单，很多同学在入学前就已经掌握了，预习后会认为自己都会了，所以上课就会出现不认真听讲的现象。只注重课前预习，不重视课堂听课，会影响学习效果。课前预习并不是把所有的课上内容都弄懂弄会，疑点、难点、重点要标注好留给课堂去解决。即使预习的内容全部都会，也要在课上认真听老师讲授，知其然并知其所以然，才会使预习达到有备无患的效果。

用思维导图预习的常见形式

课预习

在学习每节课内容前，对知识和问题进行梳理（如图 2-15）。

图 2-15 课预习(刘艺思绘)

单元预习

在学习新单元之前,对整个单元的内容进行了解(如图 2-16)。

图 2-16 单元预习(刘艺思绘)

学期预习

在新学期之初,对本学期的内容框架、知识点、练习、重难点等进行梳理(如图 2-17)。

图 2-17 学期预习

用思维导图记课堂笔记

在规划、预习、听课、复习、考试这五大学习环节中,最重要的就是听课。有的同学上课不听讲,课后要用很多倍的时间和努力去弥补,课上瞌睡,课后熬夜形成恶性循环。即使是学习成绩不错的同学，在漫长的学习路途中也会没有持久力。

真正会学习的学生首先是会听课的学生。正确的听课方式应该是充分调动感官系统，用耳朵听老师讲，用大脑思考讲课内容，用眼睛看老师的板书、课件、课本及老师讲课时的表情，用嘴提问或者回答，参与课堂，用手记录课堂笔记。在这个过程中，能够直接反映听课效果的就是课堂笔记，通过边听边记，既能提高记笔记的能力，又能提高听课效率，同时笔记中会体现出听课时存在的问题。学会做好笔记，是一种很重要的学习技巧。

记课堂笔记的好处与意义

第一，提高听课专注力。"边听边记"可以充分调动我们的感官系统，使注意力集中在课堂上，避免注意力分散。

第二，提升课堂总结力。老师上课时会针对课本内容从不同角度进行讲授，老师的常规语速为每分钟180~200字，远远快于记录速度，所以，在记笔记时要学会去粗取精，短时间内基于预习内容找到重点、难点、疑点，梳理出课文体系结构、解题思路等，提高课堂的学习效率，锻炼总结课堂知识框架、构建知识体系架构的能力。

第三，为课后复习做好铺垫。笔记是课后复习的重要依据，笔记的好坏直接决定了后期的复习效率，好的笔记对于测试练习和课后的学习交流都是非常好的参考。

第四，增强学习成就感。优秀的课堂笔记视觉性强，把课堂浓缩在一页页纸张上，看得见，摸得到，可以大大提升学习成就感。

第五，有助于对学习进行反思。课堂笔记的视觉呈现可以帮助我们看到学习中存在的问题。

学习态度

笔记的工整程度可以反映出学习态度。字迹工整、记录有序，能够反映出认真与积极的学习态度；反之笔记杂乱无章，乱涂乱改，则说明没有良好的学习状态。

学习方法

笔记能够检验出听课和记录知识点时所用的方法正确与否。好的笔记条理清晰，重点、难点及整体逻辑一目了然。将课堂内容全部记录下来，说明听课时没有去思考；记录的内容寥寥无几，则说明缺乏抓重点的能力或思考能力。

学习效果

理解程度：知识点在笔记中的标注，能够反映出对知识点的理解程度以及理解是否正确。

记忆程度：可通过描述笔记的方式来考量对内容的记忆情况。

如何用思维导图记课堂笔记

准备工作

第一，知识准备：课前要做好旧知识的复习和新知识的预习工作。

第二，工具准备：用思维导图做笔记要使用白纸，在画笔的选择上，如果条件允许，并且绘制熟练，可以选择彩笔，按照绘制要求进行绘制，如果条件有限，用单色笔绘制即可。

第三，素材准备：记课堂笔记要求有一定的速度，想要提高绘制速度可以建立自己的素材库，把学习经常用到的符号、图像、图表做好整理，在绘制笔记时快速提取，并且形成使用惯性，这样不仅可以提高绘制速度，而且有助于增强记忆和建立知识的连接。

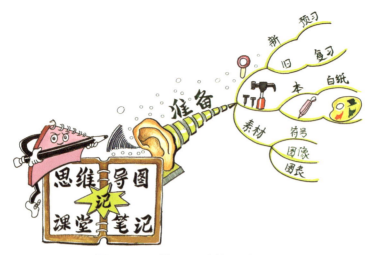

图 2-18 思维导图课堂笔记准备工作

记录方法

用思维导图记笔记,要心、脑、耳、眼、手协调并用。

心

上课要保持谦虚、平和的心态,并且由心而发地尊重课堂,尊重老师和同学。良好的心态是上好课的前提。

脑

老师讲课时,不要只记不思考,不要原封不动地记录老师的话,而是要积极运转大脑,提取重点,并迅速整理出逻辑框架。

耳

耳朵要听重点、难点、疑点,要学会找到核心观点,区分哪些话是对核心观点的辅助讲解,在讲解中提炼精华。老师强调重点时会有提示性的语言,比如:"下面这个非常重要""这个要记下来""得出的结果是""考试时经常出现"等,在听到老师说这些提示语时,要及时记录。

眼

输入信息:眼睛是视觉输入和视觉输出的媒介。要注意看老师讲课时的表情和板书,因为老师的表情会传递出课堂节奏,让我们非常放松地上课。

还要关注课件和课本内容。课本是核心基础，就像是盖房子的地基；课件是对课本的提炼，就像是房子的骨架，地基和骨架都是固定的。老师的板书是课本和课件的补充和解读，就像是房子的装修，可以提升房子的使用性。所以我们一定要用眼睛充分观察，输入课堂信息。

输出信息：输入信息后，迅速通过大脑思考和过滤后。输出在纸面上，绘制思维导图时要考虑纸张的布局和构图，所以要看好位置、大小和构图再下笔。

手

记笔记时，既要速度快，又要字迹工整，做到心、脑、耳、眼、手五项合一，同步协调才能做到听记同步。

图2-19 思维导图课堂笔记记录方法

第二章 好习惯：用思维导图培养良好的学习习惯

记录步骤

第一步，速览。速览预习导图，然后从整体到局部迅速浏览课本，对新课内容有一个初步的掌握。

第二步，速记。速记的三个记录方式逻辑如下：

抢记：知识点和批注是基础内容，所以在笔记中是一定要体现的。在老师讲课开始之初，就可以在第一步速览的基础上抢记出课堂的知识点与批注。

简记：当老师讲到难点、重点、疑点、要点时，要学会提取关键词，简明扼要地记录，而不是长篇大论地将老师的话全部都记下来。

补记：在抢记和简记的基础上，可以对讲题思路、拓展知识和自己有所感悟的心得进行补记。

第三步，整理。课后要及时整理笔记，因为课堂上的时间有限，难免会有记乱或者记漏的地方，所以要在课后及时进行整理，查缺补漏，纠正错误，将有关联的知识点用箭头衔接，并保存管理好笔记，便于日后查找。

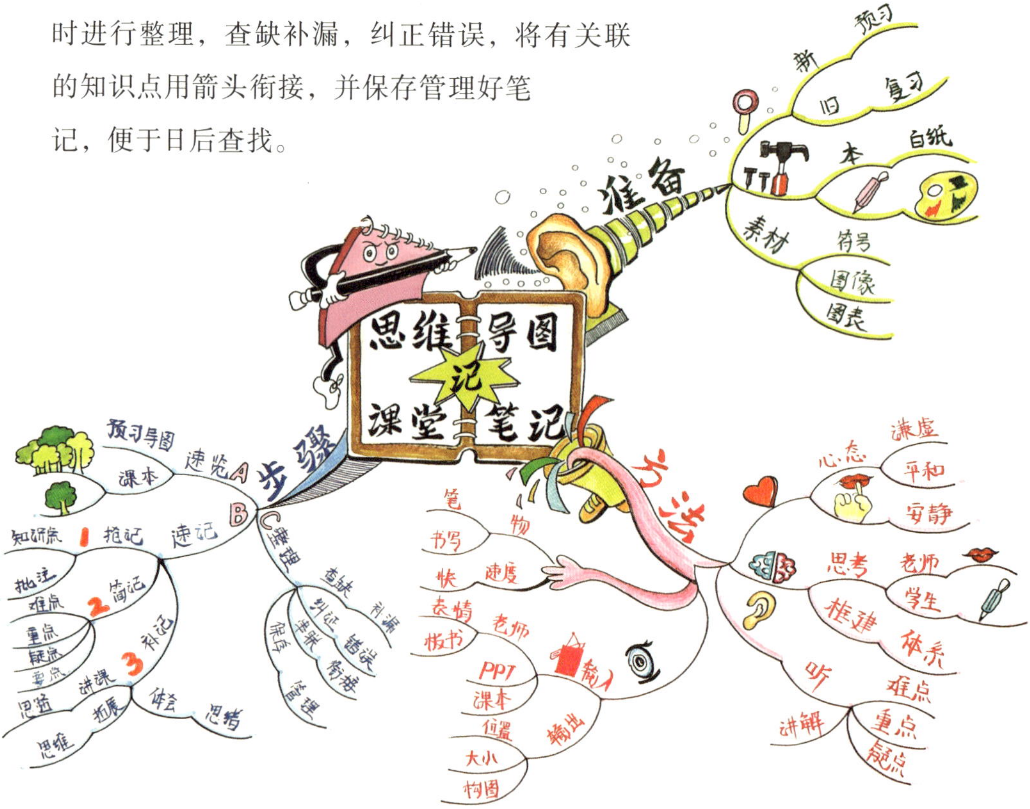

图 2-20　思维导图课堂笔记记录步骤

笔记原则

用思维导图做课堂笔记更容易对知识进行组织，建立知识点之间的内在联系，思维导图的发散结构更利于我们对所学知识进行新问题、新情景的应用迁移。此外，坚持用思维导图做笔记还可以锻炼思维的条理性和逻辑性。用思维导图做课堂笔记不同于普通线性笔记，有一定的记笔记原则。

第一，条理清楚。

用思维导图记笔记，一定要有条理、有层级，把信息的总分、并列、因果等关系层级用导图表述清楚。

第二，重点突出。

重点提取：用关键词提取课堂信息，用线条梳理逻辑。

提取重点：课堂的重点内容在导图笔记中要进行特殊化处理，比如用记号笔进行标注，用线条做特殊化处理等。

第三，字迹工整。

工整的字会提高笔记的使用时效，不必因为字写得凌乱而猜字，否则会浪费很多时间。

第四，信息准确。

笔记中的提取信息一定要精准，不要张冠李戴。

第五，适当留白。

导图笔记要适当地留出空间，以便在后期整理时补充信息，扩展笔记内容。

第六，解决问题。

每个人的学习能力都不一样，每个学生在预习中出现的疑问、课堂中没有消化的内容都不同，如果课堂上没有弄明白，一定在课后及时和老师沟通，补记到笔记里，让笔记能够有针对性地解决自己的问题。

图 2-21 思维导图课堂笔记记录原则

思维导图课堂笔记案例

用思维导图记英语笔记

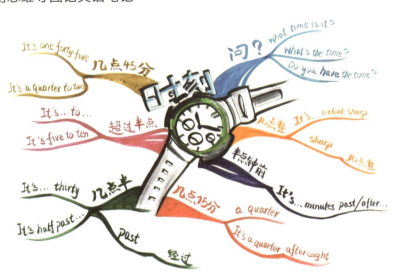

图 2-22　英语笔记：时刻（寇鸿迪绘）

用思维导图记数学笔记

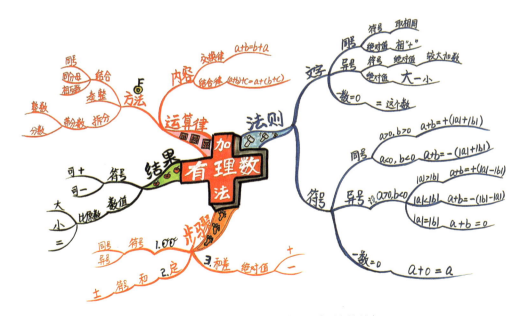

图 2-23　数学笔记：有理数加法（刘春艳绘）

记课堂笔记的误区

第一，听记分离。

记课堂笔记，要科学、合理地看待"听"和"记"，只听不记或者只记不听都是错误的听记方式。只听不记不利于课后复习与知识消化，很容易就会把知识遗忘；只记不听忽略了老师的作用和思考的作用，依然停留在课本的表面内容，不能深入地学习。所以，在听课中我们要把握好"听"与"记"的关系，不同的学科有不同的侧重，要做到听记有效，听记合一。

第二，千篇一律。

有很多同学上课不记笔记，下课借别人的笔记盲目抄袭，导致笔记千篇一律。课堂笔记是对课堂中老师所讲知识的提取与梳理，要根据自己的理解和掌握情况进行记录，有一定的独特性、见解性与匹配性。千篇一律地抄袭他人的笔记是一种自欺欺人的方式。

第三，滴水不漏。

有的同学的笔记像录音一样，把老师所讲的内容全部都记录下来，像流水账一样，滴水不漏。很多同学认为这样是正确的记录方式，其实是非常浪费时间与纸张的错误方式。我们要学会去粗取精，提取重点、难点，并根据自己的实际需求归纳整理，这样才是有效的笔记。

第四，追求完美。

有的同学的笔记特别漂亮，在书写和装饰上费尽心思，为了好看而记笔记。如果我们有足够的时间，可以在保证有效记录的前提下进行完美的装饰，但如果课堂记录时间非常紧张，应做到先完成再完美，做到字迹清晰工整、实用有效即可。

用思维导图做好复习

德国哲学家狄慈根说:"重复是学习之母",这句话说明了复习的重要性。牢固地记住已经学会的知识,比贪学新知识又很快忘掉好得多。复习是把学过的知识重复学习,加以巩固并增强记忆,在学习中要重视复习的意义和作用。

复习的三个误区

第一,平时不复习,考前总复习。

很多同学平时不进行课后复习,什么时候快考试了,什么时候再来个总复习,这个习惯是错误的。积攒到考前进行总复习,复习内容的体量和紧迫的时间都会造成巨大的压力。而且根据艾宾浩斯记忆曲线,这个方法也不利于记忆。科学的复习方法是,不能等忘记了再进行复习,而是要在知识遗忘之前进行复习,这样才能达到最佳效果。为了养成良好的学习习惯,要做到课后及时复习、单元阶段复习、考前总复习。

第二,认为做作业就是复习。

有人认为做作业就是复习,不用再额外复习了,然而做作业并不等于复习。班级里99%的同学每天都要完成老师布置的作业,可是成绩还是有高低之分,所以好成绩不仅仅是完成作业,同时要有正确的学习习惯和方法。作业写完后,应该对所学的内容进行系统的整理和复习,找到课与课之间的联系,做好知识的延展。做作业是复习的一部分,但不是全部,要根据自己的实际情况进行复习,在做作业这种共性化学习的同时,进行个性化复习。

第三，会了就不用复习了。

学习知识的心理过程分为三个阶段，即理解知识、巩固知识和运用知识。要养成课后复习的习惯，即使是学会了，也要持之以恒地复习，这样才能提高运用知识的能力。《论语·为政》中也提到："温故而知新"，可见复习的重要性，不仅要学会知识，还要在复习中发现新知识、获得新收获。

如何用思维导图进行复习

导图复习——由厚变薄

用思维导图进行复习，是把课本内容、练习题、课堂笔记等通过思维导图整理到一张图中，把厚重的知识变成薄薄的一张纸，一图胜千言。

导图复习原则

首先，复习是服务于自己的，要针对自己的学习现状进行复习，不能盲目复习。

其次，要有目标地复习，找到自己学习中的弱点，经常出错的地方要多花时间复习，基础知识部分要合理安排时间复习，已经掌握得很牢固的知识可以减少复习时间。

最后，用思维导图进行复习一定要将新旧知识联系起来，打造自己的知识地图，新旧知识的联系越多，知识地图就越庞大。复习的主要作用就是对以前所记的知识进行加强和巩固，通过导图把所学的知识编织成知识网，以便在学习中自如地运用。

导图复习类别

复习包括及时复习和系统复习。

及时复习就是对当日当时所学的知识进行复习，可以利用思维导图课堂笔记及时进行课后整理（如图 2-24、图 2-25）。

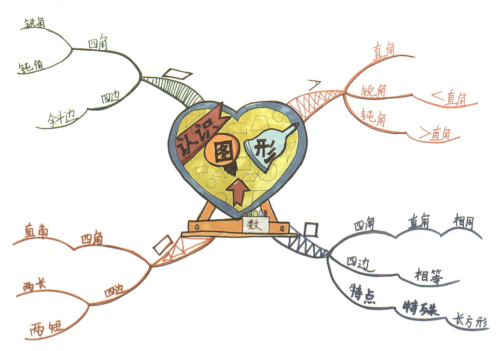

图 2-24 认识图形(邵楚凡绘)

图 2-25 四季(邵逸凡绘)

系统复习包括单元复习和总复习。

单元复习是以课为单位，化整为零地复习，便于知识的积累（如图 2-26、图 2-27）。

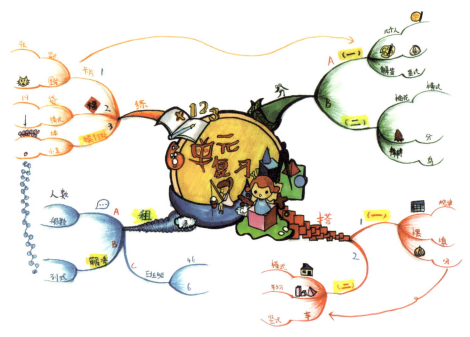

图 2-26　数学单元复习（胡宇彤绘）

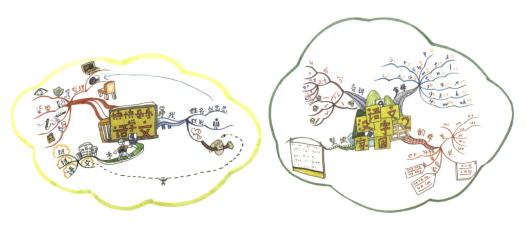

图 2-27　一学年语文单元复习（刘艺思绘）

图 2-27 一学年语文单元复习（刘艺思绘）（续）

总复习是以知识点为单位，化零为整地复习，能够更有效地助力期末备考（如图 2-28、图 2-29）。

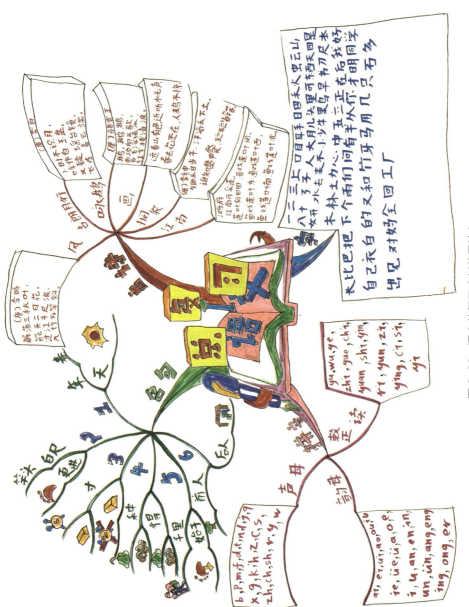

图 2-28 语文总复习(刘艺思绘)

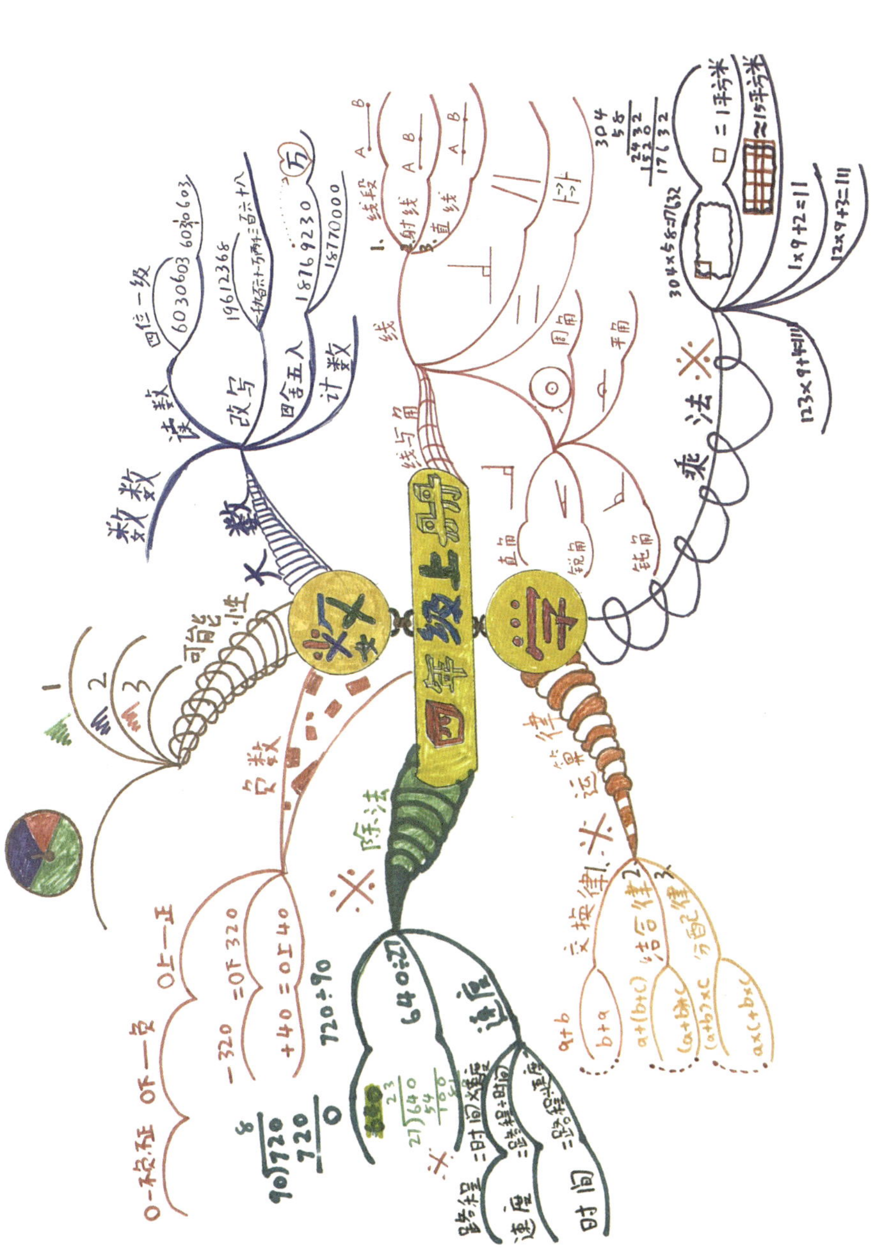

图 2-29 数学总复习(刘艺思绘)

第二章 好习惯:用思维导图培养良好的学习习惯 135

导图复习内容

点：重点、难点、疑点、要点是需要重点复习的内容。

线：把知识点和课后练习串联起来，把课前预习和课堂笔记串联起来。

面：打造总复习的知识地图，培养建立知识体系的能力。

导图记忆

要善于利用图像记忆，将公式、图表、图标用于导图中。将易混和易错的信息归纳整理，加强记忆。

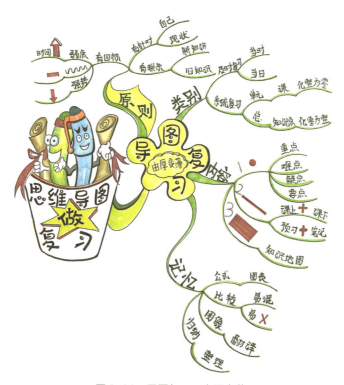

图2-30 导图复习：由厚变薄

复习导图——由薄变厚

用思维导图做完复习，还有一个重要的内容，就是复习思维导图。在复习导图时，要将知识由薄变厚，将平面导图还原为立体的知识场景。

复习节奏

德国著名心理学家艾宾浩斯（Hermann Ebbinghaus）在 1885 年发布艾宾浩斯遗忘曲线，揭示了人类大脑对新事物的遗忘规律。我们可以从遗忘曲线中掌握遗忘规律并加以利用，提升记忆力。从信息输入大脑开始，就产生了遗忘现象，遗忘的规律是先快后慢，先多后少，先密后疏。因此我们要在知识没有遗忘之前进行复习，否则就要花更多时间重新学习。

图 2-31　艾宾浩斯遗忘曲线

长期记忆：根据遗忘曲线安排自己的复习节奏，第一次复习在下课后，第二次复习在 1 天后，第三次复习在 1 周后，第四次复习在 1 个月后，第五次复习在半年后。以这样的节奏进行复习，就会对学到的内容有长期记忆。

关键点：在复习时还要注意复习的关键时间点，在每一个学习阶段中，刚开始学习时和即将结束学习时，学习状态是最好的，我们称为首期效应和近期效应。比如一节课 45 分钟，刚上课和快下课的时候是听课效率最高的时候。所以，在家也要注意复习的关键时间点，学习完一段时间后就进行休息，增加首期和近期的频率，提升学习效率。

复习时间

我们不仅要掌握复习的方法和节奏，也要了解我们的身体和大脑。依据人体的记忆规律，一般情况下，每天早上起床后一小时、上午 8:00—10:00、下午 18:00—20:00、晚上临睡前一小时，是一天当中记忆效果最佳的时刻，我们要善于利用这些时间，科学合理地安排复习。

复习方法

复习思维导图的方法包括**看、背、讲、添、画**。

看：思维导图图文并茂的笔记方式本身就特别容易吸引我们反复回看。查看导图，以导图为线索，可以牵引记忆。

背：伟大的俄国文学家列夫·托尔斯泰有惊人的记忆力，他说："背诵是记忆力的体操。"导图涵盖大量的知识信息，背诵导图能帮助我们系统地巩固知识。

讲：复述是进行回忆、口述解答、自我检查的良好方式，复述导图能让我们在讲的过程中发现新问题，起到查缺补漏的作用。

添：导图的留白可以让我们随时添加和修改信息，在前面看、背、讲的环节中，如果发现导图中有遗漏或者有新的发现，可以添加到导图中，完善复习内容。

画：在复习导图时，可以把经过反复复习依然有记忆难度的地方"画"出重点，或者用图像进行解读，通过"画"化难为简，攻克难题。

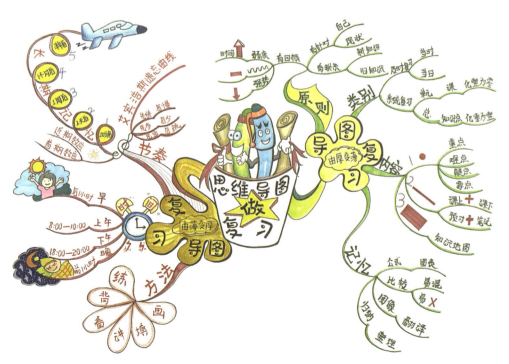

图 2-32　复习导图：由薄变厚

思维导图知识地图

知识地图可以帮助我们有方向、有指导地进行知识学习。具备整理知识地图的能力，可以让我们在学习中掌握主动权，将所学知识整体呈现，便于发现知识间的关联。知识地图用在学习之前就是一个系统的预习方案，用在复习阶段就是一个属于自己的知识宝典，用在学科外可以是小百科，日积月累地储备知识。养成梳理知识地图的习惯，把厚厚的书本变成薄薄的知识地图，可以完整地掌握所学的知识内容，获得理想的学习效果。图 2-33、图 2-34、图 2-35 分别为小学语文知识点地图、小学英语知识点地图和小学数学知识点地图，同学们可以进行参考。

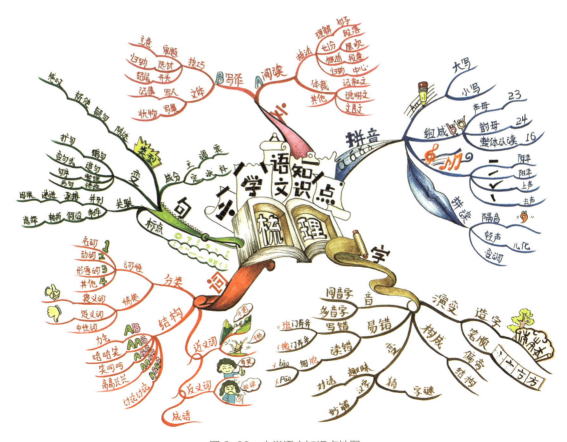

图 2-33　小学语文知识点地图

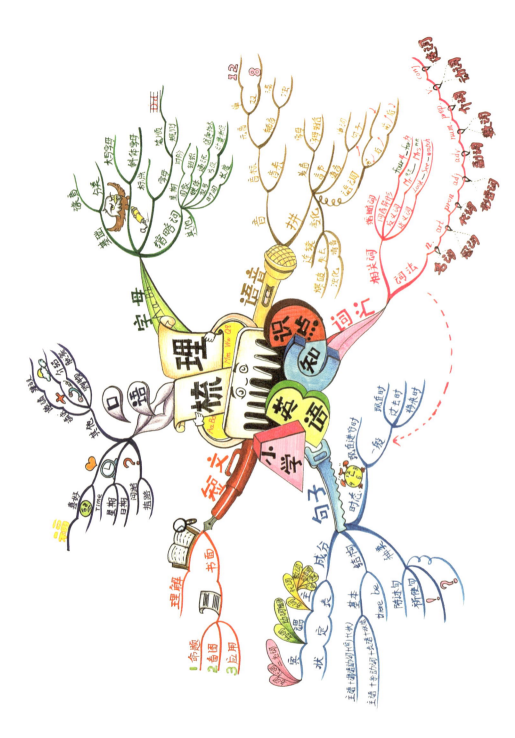

图 2-34 小学英语知识点地图

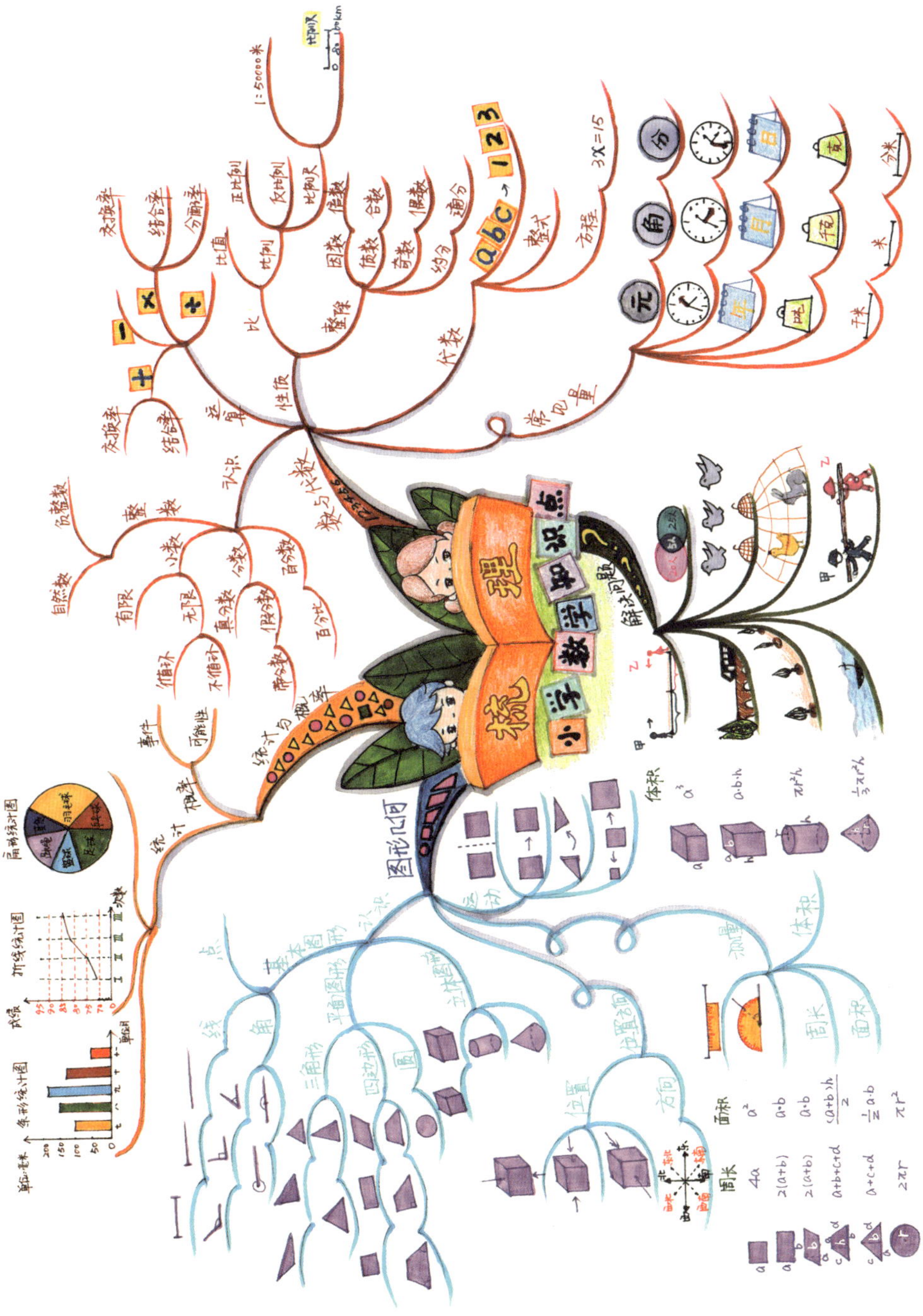

图2-35 小学数学知识点地图（梁宁绘）

第二章 好习惯：用思维导图培养良好的学习习惯　141

用思维导图备战考试

同学们从入学开始就要经历大大小小的考试，学得好不一定考得好，我们不仅要会学习，更要会考试。要正确认识考试，建立考感，寻找各个学科的考试规律，掌握良好的应考方法，把考试变成学习的伙伴，而不是学习的敌人，通过考试验收自己的学习成果，在考试中突破自己，成就自己。

正确认识考试

第一，正确认识考试的作用。

考试是对所学知识的考查和检验，考试的目的不是为难学生和家长，而是让我们在考试中总结经验，发现问题，更好地进行下一阶段的学习。如果没有考试作为阶段性的检验，一味地无休止地学习，看似轻松快乐，其实是在盲目学习，学得越多，问题越多。就好像盖大楼一样，地基没有打好，不检查地基的牢固性，一味地追求高度，只会越盖越危险，越高越容易倒塌。所以考试是保障不断进步的检验环节。

第二，正确面对考试的结果。

考试不仅是对学习成果的检验，还是对良好心态的考验。很多家长在考试之前会和孩子表达出，"考出好成绩，家长才有面子"等想法，将考试结果变成了炫耀的资本，变成了为父母增光的利器。考得好是天上的宝，考不好是地上的草；考得好会有很多礼物，考不好就要受到惩罚。这种心态是错误的，会让孩子为了得到表扬或者礼物而学习。因此，要客观面对考试结果，培养学习的内在动力，打消物质奖励和炫耀心理带来的不良影响。

用思维导图制订备考策略

初识考试

首先要了解什么是考试。考试是一种检验知识水平和能力高低的方式，要求学生认真诚实，老师公平、公正和公开。考试前，要了解考试的基本要求，遵守时间，带好各学科考试工具，比如数学考试中会用到的尺子等；考试时不要说话、走动、左顾右盼，写好姓名，在监考老师的监督下，工整书写，耐心答卷。在进考场之前，心中有考试的样子，知道考试的流程，才能做到心中有数。

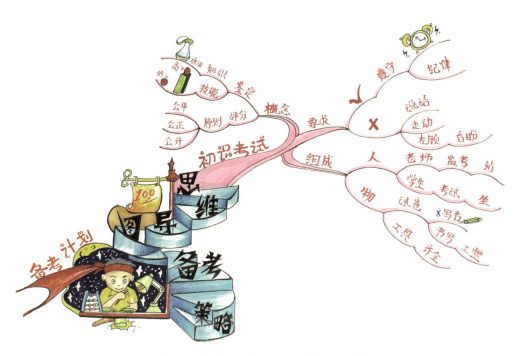

图 2-36　思维导图备考策略：初识考试

明确目标

在考试之前要明确目标,同时为实现目标设置奖励,不建议用物质奖励,而是要根据孩子内心的愿望去设定,激发内在动力。

图 2-37 思维导图备考策略:明确目标

备考计划

考试就像一场没有硝烟的战争,我们常说不打无准备之仗,要想取得好成绩，制订一个高效的备考计划是非常重要的。备考计划要根据平时预习、复习、练习、做笔记的情况而定，在制订计划之前，做好自我分析。用思维导图制订备考计划，全面系统地进行分析，有助于考试成绩的提升。

计划原则

量体裁衣： 计划一定要符合自身的实际情况，就好像给自己制作衣服一样，尺码合身，衣服才会舒适。第一，要符合自己的作息时间，根据自己的生物钟制订时间计划；第二，要符合自己的学习情况，不要盲目实行题海战术，把时间浪费在无用功上，薄弱的知识要多安排时间学习，已经牢固掌握的学科知识，要缩短复习时间。

游刃有余： 不要把时间排得太满，要留有空间，做适度调整。

对症下药： 不同的学科有不同的考前复习方法，不要千篇一律，要对症下药。比如，复习语文时，要重视阅读、书写和背诵；复习数学时，要重视基础概念和公式的掌握，进行运算和例题的实践；复习英语时，要重视听力、背诵及书写。

计划方法

复习不是一蹴而就的，是循序渐进、逐渐完善的。

第 1 轮：夯实基础。 不要好高骛远，一定要从课本出发，重读课本，对书中的内容进行基础复习。

第 2 轮：巩固错题。 牢固地掌握基础知识后，整理出平时易错和易丢分的题，整理笔记中的重点、难点、易错点，将容易引起错误的知识点整理到错题本中，进行巩固练习。

第 3 轮：构建体系。 把所有知识点全面系统地整合起来，绘制到一张大纸上，打造自己的知识地图，构建知识体系。

第 4 轮：模拟考试。 通过模拟考试训练我们对考试的感觉，熟悉考试流程，熟练题型，做到考练结合，及时发现问题，及时解决问题。

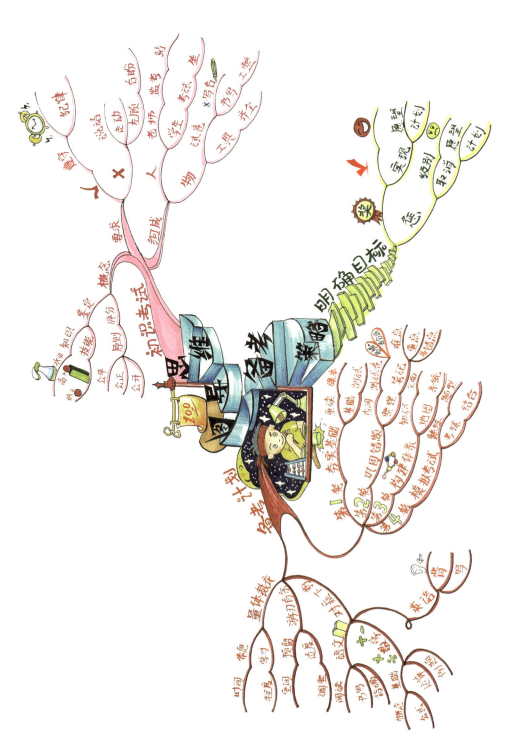

图 2-38 思维导图备考策略：备考计划

以用思维导图制订小学语文期末复习计划为例，进行分析。

主题：根据学科特点及复习量统筹安排时间，语文一学期一般学习 8 个单元，计算好时间，明确好主题，如"考前 10 天 20 小时语文考霸期末复习计划"。

第 1 轮：夯实基础

计划情况：每天复习两个单元，每个单元用时 1 小时。

完成情况：把每个单元出现的问题标注在后面，为第 2 轮复习做准备。

第 2 轮：巩固错题

计划情况：每天复习两个单元，每个单元用时 1 小时。

完成情况：如果错题比较少，就可以直接整理到导图中，如果错题很多，就准备专门的错题本进行整理。

第 3 轮：构建体系

用两个小时绘制包含本学期语文所有知识点的知识地图，构建完整的知识体系，把一本书变成一页地图，化繁为简、化难为易、清晰明了。

第 4 轮：模拟考试

考前 1 天，做到胸有成竹。

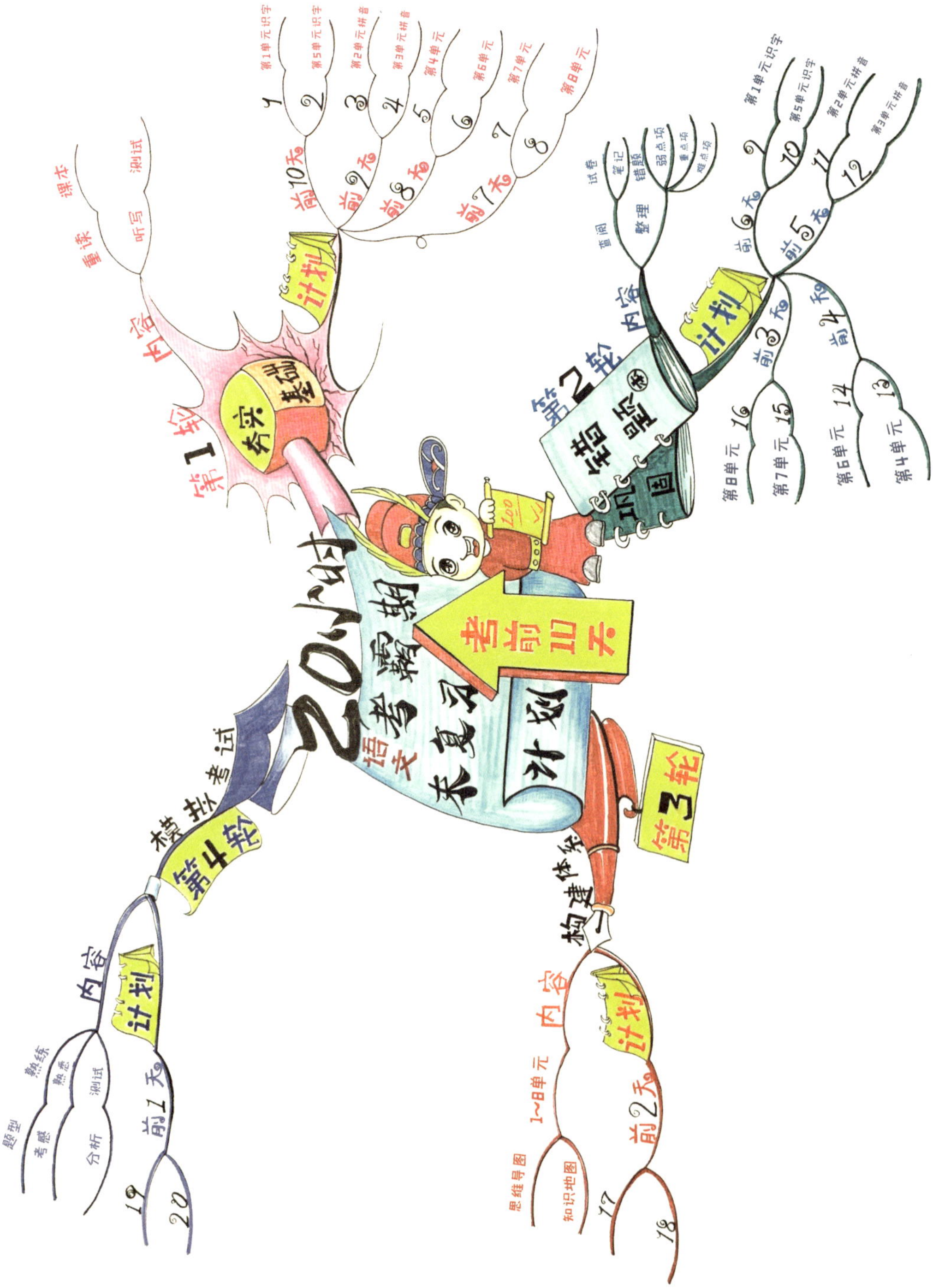

图 2-39　考前 10 天 20 小时语文考霸期末复习计划

考场技巧

经过前期的一系列准备之后，考试还有一个关键环节，就是考场技巧，如何答卷也有大大的学问。在老师评分时，试卷上的字是学生给老师的第一印象，所以考试时一定要重视书写。要在规定答题区域答题，字迹一定要清晰，保持卷面整洁，给判卷老师留下好印象。

在考试过程中注意**四个先后**。

第一，先浏览后答卷。

拿到试卷后不要马上开始答题，先把自己的姓名填写好，用一两分钟的时间迅速浏览试卷，对试卷有整体了解，如难易程度、试题信息等，规划好答题时间，做到心中有数。快速浏览的过程会间接平复紧张的情绪，有助于在答题时不慌不忙，稳中求进。

第二，先审题后下笔。

有很多同学会掉进熟悉的考题陷阱里，看到熟悉的内容就武断下笔，结果出现错误，不是不会，而是没有审准题目要求。所以审题非常重要，在答题前要审清题意，找全信息，抓住"题眼"，确保准确无误后再下笔答题。

第三，先易后难。

我们在比赛中经常会说"保二争一"，就是保证一个现实水平，争取一个目标水平。在考试中我们要做到"保简单题不丢分，争难题多得分"。考试时先做简单题，有助于增加自信，自信可以激发我们对知识地图中系统知识的回忆。按照顺序答题，遇到难题时先跳过去，把简单的保分题做完后，再回过头来，无后顾之忧地攻克难题。如果死抠难题，会花费很多时间，一旦没有写出结果，会影响后面答题的时间和准确性，影响考试的完成。所以在考试中要先易后难地答题。

第四，先答题后检查。

有的同学写一道题，检查一道题，这样也是不合理的安排。我们应该先答题，等所有题都答完后再总体检查，如果时间比较紧张就挑重点检查，比如数学的运算题要先于概念填空题进行检查。先完成再完美，先答题后检查。

图 2-40 思维导图备考策略：考场技巧

端正心态

面对考试要有良好的心态，很多同学平时小测试的成绩很好，复习得也很好，考试技巧也没问题，可是一到大考试就名落孙山，出现这种情况多是因为考试的心理状态不好。考试的心理状态分为考前、考中、考后。

考前

对于考试要避免毫不在意、不闻不问，也要避免过度焦虑、紧追不舍，这些都是不正确的心理状态。考前要保持自律和自信，自律是自信的基础，保持自律复习，才能自信地面对考试。

考中

缓解紧张： 走进考场，开始时难免会有点小紧张，所以进入考场后要消除考前的紧张感，看向窗外或四周可以缓解紧张的情绪。

自我暗示： 郎达·拜恩所写的《秘密》一书告诉我们，"我们所想的就是我们所吸引的"。走进考场后，无论是否紧张都要给自己积极的自我暗示："我是最棒的，相信自己。"积极的暗示会缓解紧张，提高发挥的水平。

回忆知识： 大脑有时会出现一片空白的情况，特别是在考试紧张的状态下，明明会的题就是想不起来。遇到这样的情况时，不要想不起来硬想，越焦躁效果越差，可以尝试瞬间"偷懒"，先做下一道题，或者抬头稍微放松一下紧张的情绪和身体，我们在放松的时候能更好地调动记忆力。

开拓思路： 有一些发散思维的创造性题目，比如非命题作文，或者看图说话等，就需要在考场上有开放的思维。开拓思路，最有效的方法就是用思维导图进行日常训练。有形的思维导图训练能够培养发散思维，平时多进行训练，才能在考场迅速地进行无形的思维发散，在脑中出图，进行思路的开拓。

考后

考试结束后无论结果如何都要正确面对，要用积极、谦虚的心态来等待老师评卷，看到试卷后根据老师的点评再做试卷分析与自我总结，为下一阶段学习的提升做好准备工作。

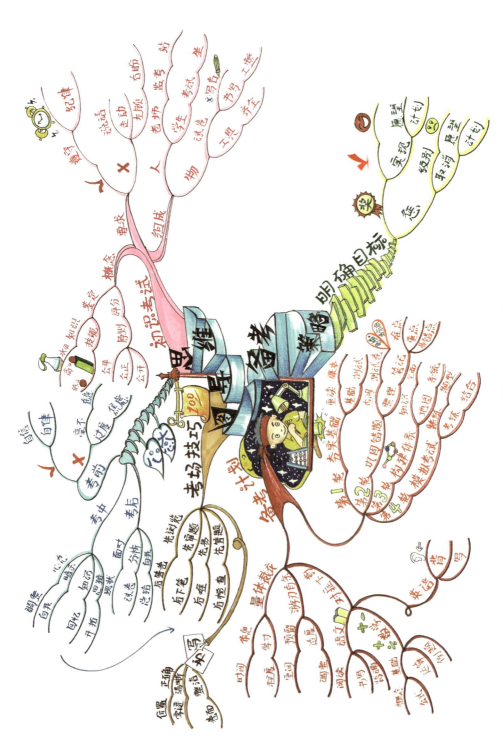

图 2-41 思维导图备考策略：端正心态

用思维导图做试卷分析

试卷分析就好像工作总结,我们要在分析中发现问题,摆正学习方向,调整学习策略,有针对性地刻意练习,保持优势,改进不足。

端正心态

面对成绩:胜不骄败不馁,失败不自卑,胜利不骄傲,冷静客观分析得失。

面对试卷:无论成绩好坏都要虚心对得分和丢分项进行分析,检验学习效果和成果。

面对考试:考试所展现的是对学习动力、学习毅力及学习习惯的检测,有助于我们在分析总结后制订新的阶段目标。

图 2-42 试卷分析:端正心态

老师点评

无论成绩好坏，都要认真听老师点评试卷。分数不理想的同学要重点听常规的试题讲解和解题思维；基础牢固、分数较高的同学，要深入听命题思路和趋势，题型的分值与关系。

图 2-43　试卷分析：老师点评

自我总结

得分包括真实得分和虚假得分。真实得分就是对知识点掌握牢固，无论一题多考，还是一题多解，都可以准确无误地解答。虚假得分就是对知识点没有真正掌握，只是碰巧得分，比如死记硬背的知识换一种考法就不会了，或者靠运气蒙对、猜对了。对于虚假得分的题，要总结到错题本里，加深学习。

丢分题是自我总结的重点，不同题型有不同的丢分原因，如审题错误、计算马虎、没记住、不理解，或者考题的难度大于能力。根据错题类型可以推断出是哪个环节出了问题，比如复习方法是否得当，应考态度是否积极，作息时间安排是否合理，考试时是否紧张或粗心，考试技巧是否运用不当，是否发挥失常等，我们要根据错题类型寻找丢分原因。

图 2-44　试卷分析：自我总结

改进方案

通过自我总结找到了原因，就要改进下一阶段的学习方案。第一，制订有效、符合实际的目标；第二，科学合理地调整学习计划；第三，优化时间管理；第四，以乐观、积极的态度备战下一次考试。

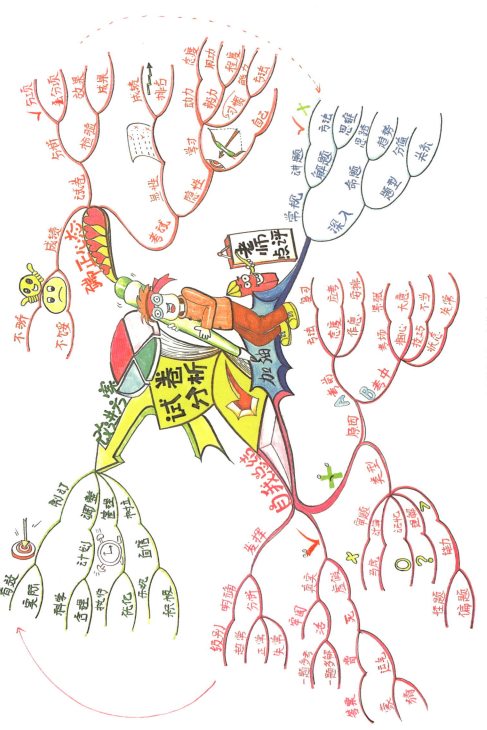

图 2-45 试卷分析：改进方案

试卷分析案例

图 2-46 语文试卷分析(胡宇彤绘)

思维导图学习地图

思维导图可以用于规划、预习、记笔记、复习等学习的各个环节,每个环节都有承上启下的作用,用绘制思维导图的方式整理学习地图,可以帮助我们厘清学习各环节的顺序。学习地图包括日学习地图和学期学习地图,我们可以利用学习地图,指导自己每天如何学习、每学期如何学习。

思维导图每日学习地图：
一图三构，养成良好的学习习惯

每日学习地图（如图 2-47）就是每天的学习步骤：第一步做日规划，第二步进行课前预习，第三步记课堂笔记，第四步做课后作业，第五步进行课后复习。

如果将每个步骤都画成一幅独立的思维导图，一天的时间不免有一些紧张。日规划可以绘制通用规划导图，每天的时间框架相同，具体的执行根据实际情况进行微调。下面以预习、记笔记、复习三个主要环节为基础，给大家介绍一种绘制方法——一图三构。

图 2-47 每日学习地图

用一幅导图完成预习、记笔记、复习三个环节,简称一图三构。将三个环节画在一张导图上,可以减轻绘制压力,并且清晰易懂、对比性强。

一构:预习图

根据本章第二节《用思维导图做好预习》的方法,可以用黑色笔绘制预习导图。每次看到黑色内容就是预习环节。以《四个太阳》为例,黑色字即课前预习的内容(如图2-48)。

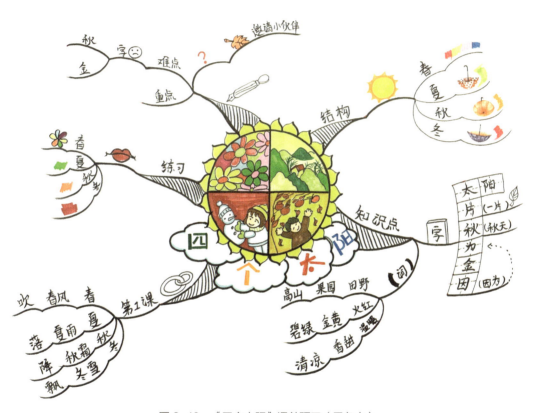

图2-48 《四个太阳》课前预习(黑色字)

二构：笔记图

带着预习图进入课堂，根据本章第三节《用思维导图记课堂笔记》的指导方法，在预习图的基础上用红色笔进行课堂笔记记录。在预习图中已经根据内容总结出了基本框架，笔记图就可以在原有预习图的基础上结合课堂内容直接添加课堂笔记。如图2-49所示，红色字为课堂笔记。

图2-49 《四个太阳》课堂笔记（红色字）

三构：复习图

在二构的基础上用蓝色笔进行课后复习的标注。在复习时，将重点、难点、疑点用蓝色笔进行标注或者增添信息。例如，在课后复习时发现"为"字的笔顺没有掌握牢固，就用蓝色笔标注出来，便于日后重点复习（如图 2-50）。

图 2-50　《四个太阳》课后复习（蓝色字）

思维导图学期学习地图：

多图一构,养成整体性学习思维

学期学习地图(如图 2-51)是基于每日学习地图完成的,通过规划、预习、复习、备考及考试分析,将多幅思维导图绘制成一学期的学习程序,形成多元化、系统化的学习思维。

多图一构:

第一幅图:学期规划图

第二幅图:学期预习图

第三幅图:单元复习图

第四幅图:备考计划图

第五幅图:学期复盘图

第六幅图:试卷分析图

图 2-51 学期学习地图

思维导图
高效学习地图

方法篇

好方法

用思维导图铸就高效学习方法

语文·数学·英语·综合学科

第三章

好方法
用思维导图铸就高效学习方法

导 语

　　学习新知识，首先要了解学习知识的方法，根据成功经验从实践中总结出好的学习方法，能够在很大程度上提高学习效率。当然，学习方法没有唯一的标准，不是机械的、一成不变的。就好像一题多解一样，真正会学习的同学都会基于他人的经验在自我应用中总结出适合自己的学习方法，并不断改进提高，为我所用。在中小学阶段，学科与年龄不同，学习方法也不同，而思维导图是一种非常开放、适用性极强、能够应用在各个学科的学习工具。

语文学习方法

变一变：导图识字

传统的识字方法是摹写与拼读，很多同学认为学习汉字枯燥无味，以至于基础汉字掌握得不扎实，最害怕的就是听写生字。作为世界上最古老的文字之一，汉字中的"音""形""义"都蕴藏着无尽的故事与趣味，可以尝试用导图识字，挖掘汉字背后的故事。

基础识字

用思维导图表达汉字的基本学习内容，包括对拼音、笔画、结构、偏旁、字义、组词、笔顺等内容的学习，完成基础识字。下面以《揠苗助长》中的生字"疲"为例，用思维导图进行上述几个方面的学习（如图3-1）。

图 3-1 基础识字:"疲"

追根溯源

每个汉字都有自己的故事,遇到有特殊意义或者理解困难的汉字,可以查询字的典故和由来,用思维导图讲述汉字故事,用画面辅助理解和记忆。以汉字"一二三"为例,追根溯源,用思维导图加深理解(如图 3-2)。

图 3-2 追根溯源:汉字"一二三"

汉字叠罗汉

汉字叠罗汉是指通过一个汉字借助一个演变规律衍生出更多的汉字。如以"口"字为基础汉字,通过改变"口"字的数量,衍生出不同的汉字,既有趣,又便于记忆(如图 3-3)。

图 3-3 "口"字叠罗汉

一字多变

同音字、多音字、形近字在运用中经常会混淆,用思维导图一字多变识字,可以帮助我们识别这些易混字,提高使用的准确性。

以多音字"落"为例,用思维导图可清晰呈现其不同读音和意思(如图 3-4)。

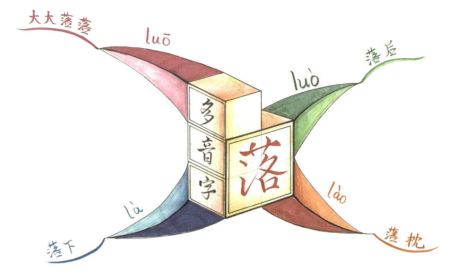

图 3-4　一字多变：多音字"落"

以"尤"为例，加上不同的偏旁，变成字形相近的字，用思维导图对比呈现，有助于识别区分（如图 3-5）。

图 3-5　一字多变："尤"的形近字

以读音"cāng"为例,有很多同音不同形的字,可以用思维导图罗列并组词,加深印象,便于记忆(如图 3-6)。

图 3-6　一字多变:"cāng"的同音字

背一背:古诗背诵

宋代著名诗人苏轼这样评价王维的诗:"诗中有画,画中有诗。"从此,"诗中有画,画中有诗"成为中国诗画品评的重要标准之一,也是中国诗画艺术的重要艺术特色。每一首古诗词都有诗情画意。学习古诗,可以还原画面意境,以其静谧之韵,绚烂之美,培养我们的文学素养。但因其内在精髓的不同,历史环境的差别,很多同学在学习古诗、背诵古诗时常常很苦恼,比如记不住古诗名与作者、混淆作者与朝代、首句和首字衔接不上、长诗难理解、难背诵等。诗人戴叔伦曾说:"诗家之景,如蓝田日暖,良玉生烟。"一个词语,便可以营造一种意境,构成一幅画面。每一首古诗都是一幅画,用思维导图背诵古诗,运用特殊图标记忆,可以让古诗背诵变得轻松简单。诗画同质,相通相融。

图 3-7 古诗背诵的苦恼

古诗名记忆方法

古诗名是整首诗主题和中心的表达,有的古诗名提取了诗中的关键词,但有的古诗名非常长,包括人物、事件、地点等信息,背诵起来比较生涩难懂。对于难记的古诗名,可以用文字转图标的方式进行图像翻译或者寓意转换,帮助背诵。

以《秋夜将晓出篱门迎凉有感》为例,可以先将题目拆分,理解题目的意思,再根据意思绘成画面,加强记忆(如图 3-8)。

秋夜:秋天的夜晚

将晓:天将要亮

篱门:竹子或树枝编的门

迎凉:出门感到一阵凉意

题目大意:秋夜后的黎明,推开篱笆门感到一丝凉意,心中有感,作诗抒怀。

图 3-8 《秋夜将晓出篱门迎凉有感》诗名图标

作者 + 朝代记忆方法

古诗作者和作者朝代是易混淆的难点,可以把各朝代用固定的记忆图标绘制出来,形成图标库,然后结合作者进行图标组合,增强关联记忆。

朝代图标

先　秦:"琴弦",颠倒字图标

东　汉:指南针指向东

西　汉:指南针指向西

魏　晋:"进胃",颠倒字图标

南北朝:指南针指向南北

隋　代:"水袋",谐音记忆图标

唐　代:"糖",同音记忆图标

宋　代:"松树",谐音记忆图标

元　代:"圆",同音记忆图标

明　代:"手电筒",借喻记忆图标,代表光明。

清　代:"太阳",借喻记忆图标,代表晴天。

图 3-9 各朝代记忆图标

作者图标

[唐] 骆宾王："戴王冠的骆驼"代表骆宾王，骆驼嘴里的"糖"代表唐代。

[唐] 贺知章："贺卡里贴有文章并配有一枝花"代表贺知章，"糖"代表唐代。

[唐] 王之涣："带有王冠配饰的果汁"代表王之涣，"糖"代表唐代。

[唐] 李　白："白色的李子"代表李白，"糖"代表唐代。

[宋] 王安石："国王按住石头"代表王安石，"松树"代表宋代。

[宋] 陆　游："陆地上游泳"代表陆游，"松树"代表宋代。

[宋] 苏　轼："舒适"代表苏轼，"松树"代表宋代。

[宋] 杨万里："山羊走万里路"代表杨万里，"松树"代表宋代。

[元] 王　冕："卫冕之王的王冠"代表王冕，"圆形"代表元代。

[明] 于　谦："鱼穿在钳子上"代表于谦，"手电筒"代表明代。

[清] 袁　牧："圆形的木头"代表袁牧，"太阳"代表清代。

[清] 高　鼎："一个人个子很高，顶到了天上"代表高鼎，"太阳"代表清代。

图 3-10 作者 + 朝代记忆图标

古诗名 + 作者记忆方法

记忆古诗名和作者的方法非常简单,就是把诗名图标与作者图标组合为一个图标,把诗名与作者联系起来,将两个图标做加法,合二为一,这样的图标有故事情节,可以进行描述,容易记忆。

例如,将诗名《秋夜将晓出篱门迎凉有感》的图标与宋代诗人陆游的图标结合在一起,辅助记忆(如图 3-11)。

图 3-11 古诗名 + 作者图标

首句、首字记忆方法

在背古诗时,古诗的首句或者每一句的首字、首词经常会忘记,一旦有人提示第一句或者第一个字,马上能把整句,甚至整首古诗背诵下来。想要解决这个苦恼,可以把首句或者首字、首词叠加在诗名图标中,将古诗名—作者—朝代—首句这些信息凝聚成一个图标,用一个图标记一串儿要点。作者和朝代可以用谐音图标来表示,诗名、首句和首字要根据古诗含义进行图标转换,这样才能加深我们对古诗的理解与应用,知其内涵。

例如,记忆《秋夜将晓出篱门迎凉有感》的诗名、作者、朝代和首句,可以将几个图标合为一个记忆串图标(如图 3-12)。

图 3-12 古诗名 + 作者 + 朝代 + 首句图标

注意,首句的图标要根据意思进行绘制。三万里河东入海,意思是长长的黄河向东流入大海,可以在原图标中体现黄河东流的画面,用图像连带首句记忆。

古诗名

古诗名+作者

古诗名+作者+朝代+首句

图 3-13 图标对比图

古诗的记忆方法

背诵古诗，往往记得慢，忘得快，下面用两个步骤加快古诗记忆，加深记忆时长。

第一步，诗画同质。根据对古诗的初步理解，把古诗的基本信息（古诗名、作者、朝代、首句信息、整首诗核心思想）绘制成中心图（如图3-14）。

图3-14　古诗名+作者+朝代+首句+核心思想中心图

中心图解读：南宋时期，金兵占领了中原地区，宋代诗人陆游在黎明十分惦念中原地区人民的安危，向往中原地区的大好河山，盼望宋朝能够尽快收复中原，实现统一。

第二步，相通相融。绘制好中心图之后，根据古诗节奏，拆解古诗，将每一句诗绘制成一幅图，并提炼出关键词辅助说明，让古诗与画面相通，思维与导图相融，轻松理解并记忆古诗（如图3-15）。

导图解读：

大纲主干：四句古诗及古诗寓意图。

子分支：对每句古诗进行解读。

三万里河东入海：万里长的黄河奔腾向东流入大海。

五千仞岳上摩天：千仞高的华山耸入云海，可以触碰青天。

遗民泪尽胡尘里：金人奴役下的北方人民哭干了眼泪。

南望王师又一年：一年又一年望眼欲穿地盼望南宋军队早日解救他们。

图 3-15 拆解古诗

读一读：导图阅读

著名教育家苏霍姆林斯基曾说："一个不阅读的孩子就是学习上潜在的差生。""必须教会人阅读，不善于阅读者，就不善于思考。"可见阅读的重要意义。中小学语文对阅读能力的考查越来越多元化。高阅读量不等于高理解力，只读不想，只看不记，只阅不用，都是无效阅读。如何做到有效阅读、高效阅读，如何检视阅读的正确性与收获程度，思维导图是对阅读能力最好的检测。

用思维导图阅读的好处

第一，优化理解。理解是阅读的基础，导图是理解的桥梁。把阅读内容提炼成思维导图，首先是对阅读内容理解的一种展示，可以从理解程度上判断出对阅读内容的吸收情况；其次绘制阅读导图本身就是提高阅读理解能力的过程。

第二，优化记忆。一味地阅读等于没有阅读，阅读后文章的主题是什么？

重点是什么？受益于哪个部分？用思维导图做阅读笔记，是从"阅读的输入"到"导图的输出"，这个过程相当于二次默读与默写，能够强化记忆。

第三，**提高速度**。通过思维导图阅读训练，可以加快阅读速度，通过抓取关键词训练，也可以熟能生巧地提高阅读理解速度，同时提高阅读理解的做题速度。

第四，**提高分数**。阅读理解考查的是对文章的理解能力、概括能力和总结能力，其根本在于思维能力，而思维导图是提升阅读思维能力的有效工具，用导图做阅读训练，可以从根本上提高阅读理解分数。

第五，**降低难度**。阅读超出自己认知能力的书籍，特别是专业性和逻辑性较强的书籍，我们可以利用思维导图中的图像来将专业知识进行图示化解读和逻辑性展示，降低阅读难度，同时提高学习兴趣。

第六，**降低成本**。用思维导图进行阅读，可以提高阅读速度，也就是降低了时间成本；可以把阅读内容由厚变薄，也就是降低了空间成本；可以有效提高分数，也就是降低了题海战术的经历成本。

第七，**拓宽思路**。思维导图不仅是对阅读内容的凝练，也是将作者的观点嵌入其中。用思维导图阅读，是作者与读者的一场对话或博弈。思维导图的中心布局，发散状的特殊结构，有助于围绕主题、依据作者观点激发读者思维，从而拓宽思路，避免死读书、读死书。

第八，**拓宽应用**。南宋学者陈善在《扪虱新话》中提到"出入法"："读书须知出入法。始当求所以入，终当求所以出。见得亲切，此是入书法；用得透脱，此是出书法。""出入法"意为读书要先深入文本，体会作者意旨，然后再走出文本，对作者的意旨进行阐发和迁移。思维导图就是"入"与"出"的转换纽带，是"入"的基础，"出"的总结。思维导图作为自主阅读的工具，能够有效地还原应用场景。例如，古诗词导图就是通过导图，特别是将文字转换为图像，让读者感同身受。当遇到相同意境时，就可以应用自如，如把古诗词嵌入写作中，提高写作意蕴。

图 3-16　用思维导图阅读的好处

用思维导图阅读的步骤

第一步，读内容，画中心。

读内容，在读的同时掌握内容整体主旨，知晓局部大意，总结出核心思想，绘制出导图中心图。关于整体和局部，阅读内容不同，指代也不同：阅读段落时，段落就是整体，组成段落的句子就是局部，要知道段落大意和句子重点；阅读文章时，文章就是整体，段落就是局部，要知道文章主旨和段落大意；阅读书籍时，整本书就是整体，章节就是局部，要知道书籍主题和章节主旨。要想在阅读的同时能兼顾整体主旨和局部大意，需要同时调动我们的左右脑。左右脑整体把握，左脑负责语言与文字的纵向阅读，右脑负责印象整理的横向思考。全脑阅读能力不是一蹴而就的，需要多阅读、多实践。

图 3-17　思维导图阅读步骤 1：读内容，画中心

第二步，切文脉，画主干。

了解了内容的整体主旨和局部大意后，根据文章脉络划分结构，由大化小，帮助我们理解阅读。段落要分句理解，文章要分段理解。要注意的是，大纲主干不一定按照所切结构的数量来绘制，而是理解加工后整合提炼主干。

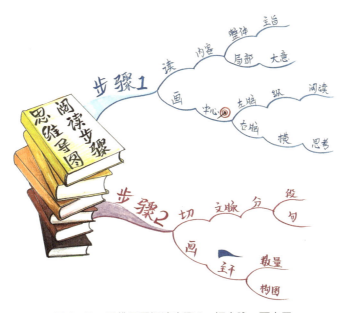

图 3-18　思维导图阅读步骤 2：切文脉，画主干

第三步，提关键，画标注。

关键词通常以名词和动词为主，要瞄准目标信息，准确提取关键词，并在目标信息中标出关键词，可以圈起来或者涂记号，便于后面填写到思维导图中。

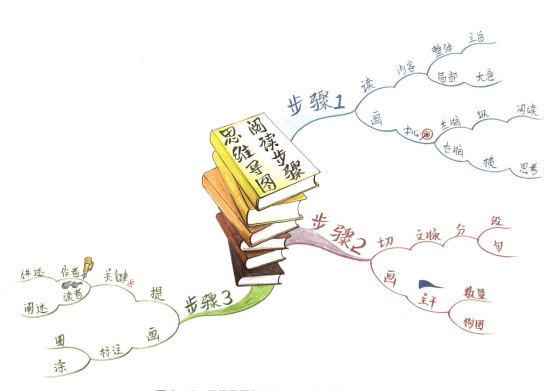

图 3-19　思维导图阅读步骤 3：提关键，画标注

第四步,理逻辑,画分支。

用思维导图阅读不是照搬照抄原文,不是把提取的关键词像拼图一样摆放,而是一个从阅读到理解的过程。要把文章中正序、倒序、乱序等复杂、难懂的逻辑,用导图的分支来呈现,把提取出的关键词重新布局,转换成清晰的思维关系,比如并列、递进、因果关系等,使文章更易懂、易记、易理解。

图 3-20 思维导图阅读步骤 4:理逻辑,画分支

第五步,填文字,画图标。

对于重点、难点的词汇要进行图标绘制,将文字和图标相结合,有助于我们充分发挥左右脑的作用,浮现出更好、更多的想法,得到更多、更棒的灵感。

坚持用思维导图阅读,对关键词的敏感性就会越来越强,对于文章的理解就会越来越准。随着阅读速度和理解度的提高,知识储备会越来越丰富,阅读能力就会越来越高。

图 3-21　思维导图阅读步骤 5:填文字,画图标

思维导图阅读案例解析

段落阅读

　　我家有一个大花园,这花园里有蜂子、蝴蝶、蜻蜓、蚂蚱,样样都有。蝴蝶有白蝴蝶、黄蝴蝶,它们很小,也不太好看。好看的是大红蝴蝶,满身带着金粉。

——《乡村里的大花园》

第一步,读内容,画中心。

本段是典型的主次结构,首句是主题句,其余句子补充说明。中心主题是花园,所以要以"花园"为中心图进行绘制(如图3-22)。

图3-22　《乡村里的大花园》中心图

第二步,切文脉,画主干。

　　我家有一个大花园,//这花园里有蜂子、蝴蝶、蜻蜓、蚂蚱,样样都有。//蝴蝶有白蝴蝶、黄蝴蝶,它们很小,也不太好看。好看的是大红蝴蝶,满身带着金粉。

通过切割文脉，我们知道花园主要有蜂子、蝴蝶、蜻蜓、蚂蚱，重点表达了蝴蝶。花园和昆虫是从属关系，所以我们把大纲主干分为四个，分别是蜂子、蝴蝶、蜻蜓、蚂蚱（如图3-23）。

图3-23 《乡村里的大花园》主干

第三步，提关键，画标注。

划分出段落主干后，逐句标出关键词。

我家有一个大花园，// 这花园里有蜂子、蝴蝶、蜻蜓、蚂蚱，样样都有。// 蝴蝶有白蝴蝶、黄蝴蝶，它们很小，也不太好看。好看的是大红蝴蝶，满身带着金粉。

第四步，理逻辑，画分支。

本段只有蝴蝶主干下有内容，所以梳理对蝴蝶描述的逻辑即可。蝴蝶分为好看和不好看，不好看的蝴蝶小，有白色和黄色；好看的蝴蝶大，有红色和金粉色。根据逻辑布局，画出分支（如图3-24）。

图 3-24 《乡村里的大花园》分支

第五步，填文字，画图标。

将提取出的关键词填写到分支上，将重点与难点内容转换成图标，完成导图（如图 3-25）。

图 3-25 《乡村里的大花园》关键词和图标

课文阅读

孩子如果已经长大，
就得告别妈妈，四海为家。
牛马有脚，鸟有翅膀，
植物旅行又用什么办法？
蒲公英妈妈准备了降落伞，
把它送给自己的娃娃。
只要有风轻轻吹过，
孩子们就乘着风纷纷出发。
苍耳妈妈有个好办法，
她给孩子穿上带刺的铠甲。
只要挂住动物的皮毛，
孩子们就能去田野、山洼。
豌豆妈妈更有办法，
她让豆荚晒在太阳底下，
啪的一声，豆荚炸开，
孩子们就蹦着跳着离开妈妈。
植物妈妈的办法很多很多，
不信你就仔细观察。
那里有许许多多的知识，
粗心的小朋友却得不到它。

——《植物妈妈有办法》

第一步，读内容，画中心。

文章标题就是中心图主题，为确保准确性，用思维导图阅读文章时不要对标题进行提取或删减（如图3-26）。

图 3-26 《植物妈妈有办法》中心图

第二步,切文脉,画主干。

孩子如果已经长大,
就得告别妈妈,四海为家。
牛马有脚,鸟有翅膀,
植物旅行又用什么办法? ‖
蒲公英妈妈准备了降落伞,
把它送给自己的娃娃。
只要有风轻轻吹过,
孩子们就乘着风纷纷出发。‖
苍耳妈妈有个好办法,
她给孩子穿上带刺的铠甲。
只要挂住动物的皮毛,
孩子们就能去田野、山洼。‖
豌豆妈妈更有办法,
她让豆荚晒在太阳底下,
啪的一声,豆荚炸开,
孩子们就蹦着跳着离开妈妈。‖
植物妈妈的办法很多很多,
不信你就仔细观察。

那里有许许多多的知识,

粗心的小朋友却得不到它。

课文结构为总分总,按照课文切割结构绘制大纲主干(如图3-27)。

图3-27 《植物妈妈有办法》主干

第三步,提关键,画标注。

孩子如果已经长大,

就得告别妈妈,四海为家。

牛马有脚,鸟有翅膀,

植物旅行又用什么办法? ‖

蒲公英妈妈准备了降落伞,

把它送给自己的娃娃。

只要有风轻轻吹过,

孩子们就乘着风纷纷出发。‖

苍耳妈妈有个好办法,

她给孩子穿上带刺的铠甲。

只要挂住动物的皮毛,

孩子们就能去田野、山洼。‖
豌豆妈妈更有办法，
她让豆荚晒在太阳底下，
啪的一声，豆荚炸开，
孩子们就蹦着跳着离开妈妈。‖
植物妈妈的办法很多很多，
不信你就仔细观察。
那里有许许多多的知识，
粗心的小朋友却得不到它。

第四步，理逻辑，画分支。如图 3-28。

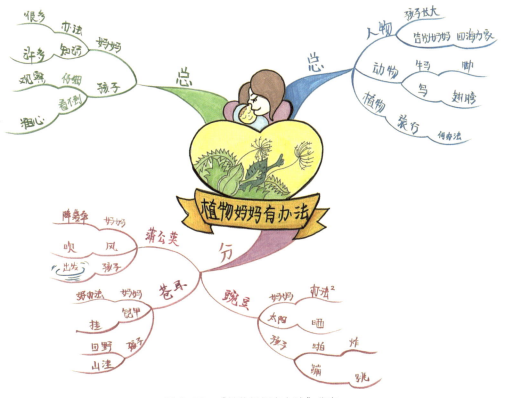

图 3-28 《植物妈妈有办法》分支

第五步，填文字，画图标。如图3-29。

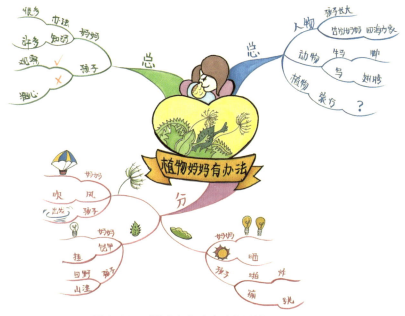

图3-29 《植物妈妈有办法》关键词和图标

书籍阅读

用思维导图阅读书籍的步骤与阅读段落、文章的步骤相同，但是需要注意几个事项：

第一，**不要忽略封面、内封和腰封的信息**。这些部分是书的标签，向读者展示着"与众不同"的独特之处，可以从中得到初步信息。

第二，**速览目录**。目录由章标题和节标题组合而成，是一本书的标题一览表，从中可以知道作者意图和书的逻辑线索。在目录中了解书的构成，可以快速通过目录搜索到自己所需要的信息。

第三，**不要逐字逐句、面面俱到地用导图拆解阅读**。要培养分辨重点与非重点的能力，提高捕捉自己所需要信息的能力。对有价值的地方进行精读，无价值的地方可以忽略，不要满书都是标记，要有详略之分。

第四，**要灵活运用思维导图阅读法**。不要只提炼书本内容，也要有自己独特的视角，把自己的构思和创意发挥出来，将阅读内容转换成自己的知识。

从读到画,把自己的读后感受表现出来,从中升华智慧。

写一写:导图写作

《毛诗序·大序》中提到:"诗者,志之所之也,在心为志,发言为诗。"意思是诗歌是思想感情驰骋的地方,萌动于心为志,抒发出来为诗,心中情感激荡,因而形成文字表达出来。诗词如此,写作亦如此。写作是一种文学创作的方式,把所观、所感通过文字有感情、有生命、有灵魂地创造出来。可是很多同学苦于写作,认为写作是语文学习中非常难的一项。

写作是把所见所感的立体化形式转换成平面化文字,通过文字表达"发现—观察—感受—思考—创作"的立体过程。有的同学恐惧写作,是因为只把写作看成了平面的文字,而没有结合身心体验,把它看作一个立体过程,没有探索到其中的趣味。思维导图可以激发写作兴趣,多维度还原创作感知过程,通过"审题—拓思—构建—生成"导图写作四步法,帮助我们解决写作痛点,发现写作兴趣,爱上写作。

图 3-30 写作痛点

痛点1：跑题、跑远

作文评分标准第一项就是"切题"，明确作文题目是写作的关键，如果偏题、跑题，即使文章写得再好也是空努力。要想切题，就要重视审题的重要性，不要因小失大，也不要围绕主题进行散点式阐述，否则文章无重点，会像流水账般啰啰唆唆、跑偏跑远。

导图解决步骤一：导图审题，准确无误

审题的过程就是阅读理解的过程，阅读理解能力的高低影响着审题的准确率，用导图阅读的方式审题，可以保证审题准确无误。

常见的作文命题有三种基本方式：直接命题、间接命题、条件作文。

直接命题是最基本的命题方式，直接给出明确完整的题目，限制性强，有明确的要求。

间接命题也称为半命题作文，有更多的选择性，比如《我最喜欢_____》《我最_____的事》，其特点是给出空间，让同学们自己确定写作内容。

条件作文通过提供材料、开头、结尾、图片等，让大家围绕所给的信息进行写作。

无论是哪种命题方式，都可以用导图阅读理解的方式明确主题。

例如，作文主题为"身边那些有特点的人"，用思维导图审题，可以帮助我们抓住主题中心"人"，厘清逻辑，做到不偏题、不跑题（如图 3-31）。

图 3-31 "身边那些有特点的人"审题

痛点2：没新意、没特点

写作没有创意，离开传统技巧无话可说，千篇一律没有特点。

导图解决步骤二：导图拓思，标新立异

审清题意后，不要懒于思考，要围绕主题用导图先进行发散思维，拓展出和作文话题相关的信息，然后再运用聚焦思维锁定目标，在最能标新立异的切入点确定写作方向。

例如，可以想一想身边都有哪些有特点的人，拓展思维，将他们的特点一一列出（如图 3-32），通过导图分析锁定作文方向——"昆虫迷"。

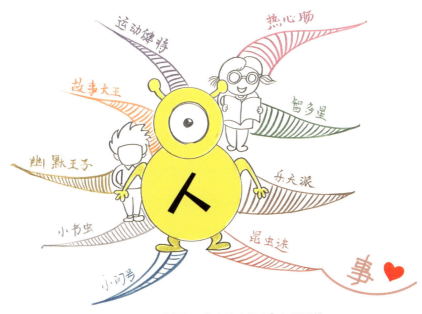

图 3-32 《身边那些有特点的人》拓展思维

痛点3：乱结构，乱条理

文章结构就是文章的骨架，体现了文章部分与部分、部分与整体之间的内在联系；条理是能够清晰地表达文章结构的文字层次。散乱的结构、混乱的条理，会让文章一盘散沙。

导图解决步骤三：导图构建，谋篇布局

思维导图可以帮助我们搭建作文结构、厘清条理。常见的四种作文结构有总分式、对照式、并列式、递进式。

总分式：先总述再分述，也可以拓展为总—分—总，或者分—总的结构方式。

对照式：两部分进行对比，用一部分内容反衬另一部分的内容。

并列式：作文各部分之间没有主次之分。

递进式：作文内容根据一定的线索逐层深入。

爱因斯坦说："世界上发生的每一个事件都是由空间坐标 XYZ 和时间坐标 T 来确定的。"我们在建立文章条理、构建导图时，可以用时间条理和空间条理来构建。

时间条理是依据时间的推移安排内容顺序，线索清晰，时间感强。例如，昨天、今天、明天。

空间条理是依据地点的变化安排内容顺序，以地点为条理对应内容，层次分明。

事情发展的条理是依据事情发生发展的先后顺序来安排内容顺序，表述准确，逻辑清晰。

下面以总分总的结构为例构建《我们班的昆虫迷》作文框架（如图 3-33）。

图 3-33 《我们班的昆虫迷》框架构建

痛点 4：少生动、少精彩

很多同学的作文缺少文采，遣词生涩，使得文章少了生动和精彩。"清水出芙蓉，天然去雕饰"，优美的语言是写作美丽的脸庞，要依托语言的载体润色文章。

导图解决步骤四：导图生成，妙笔生花

词、句是写作的基本语言单位，篇章的文采要靠具体的词和句来生成。可以在建立文章结构的基础上巧施粉黛、画龙点睛、生成文章，善用词汇的修饰与修辞方法。要想生成好文章，日常要多用思维导图进行阅读训练，积累词汇，提高应用能力，在导图阅读中积累丰富的词汇、锻炼敏锐的观察力，确保妙笔生花。

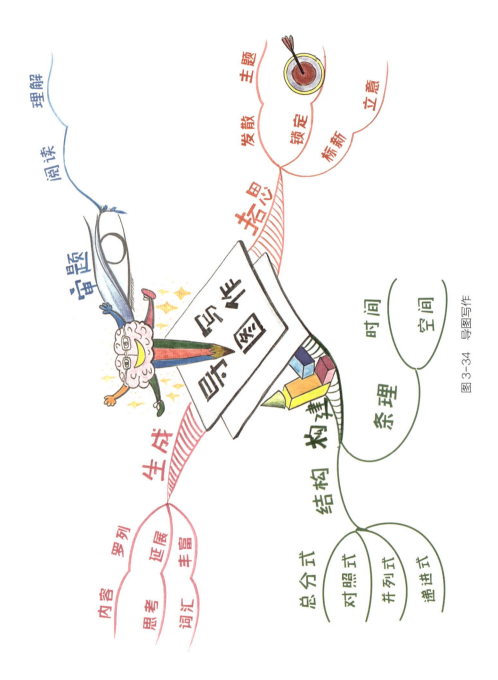

图3-34 导图写作

数学学习方法

解一解：导图解题

解数学题需要具备分析、判断、理解、推理、演算等综合能力，解数学题也是一门艺术。解题过程是一个系统的循环过程，一步错，步步错；一步落，步步落。用思维导图解数学题，可以把抽象的数字变具象的图像，让解题过程可视化、系统化，有助于我们提高数学思维、提升解题能力。

用思维导图巧解数学题

第一步，审题。

数学审题非常重要，很多同学不会做数学题，不是因为公式不会，或者基本功不扎实，而是因为没有读懂题目。审题的过程就是分析、理解的过程。首先要判断题目是属于哪种类型的，研究问题所指，难易程度；然后找出题目中给出的条件，包括直接给到的已知条件，和隐藏起来的未知条件，明确所要解决的问题。

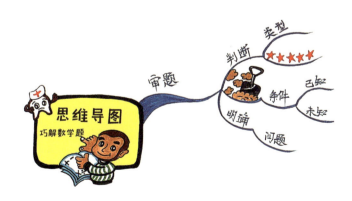

图 3-35 思维导图巧解数学题：审题

第二步,解题。

正确审题,了解题意后,开始发散思维,搜寻与题目相关的新旧知识点:概念、公式、原理等解题依据。用发散思维联想拓展出更多的解题思路,会使解题更轻松。然后收敛思维,锁定解题方法,常用的解题方法有概念法、试验法、画图法、分类法、综合分析法,大家可以根据实际题目与知识点寻找解题路径。

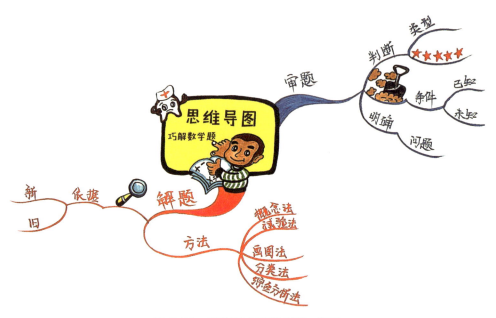

图 3-36 思维导图巧解数学题:解题

第三步,检题。

养成良好的检查习惯是减少错误的有效手段。很多同学明明检查了可还是出错,究其原因是不懂检查方法。常见的检查方法有两种:一是步步检查法,从审题开始,逐步检查,看解题过程是否有误,结果是否一致;二是层层代入法,将结果代入公式中,看是否符合题意,注意一题多解和一题多想的准确性。

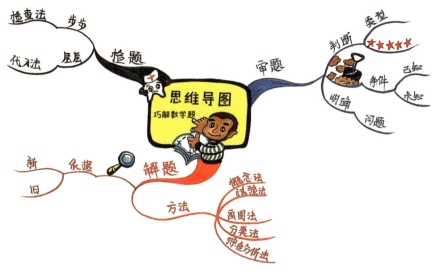

图 3-37　思维导图巧解数学题：检题

思维导图解题模型

根据思维导图的解题步骤，可以整理出思维导图解题模型。提高解题能力不是一味地刷题强攻，而是要精准分析。对于简单的数学题，在脑中出图进行解析就可以；对于复杂的数学题，知识点多、跨度大，可以用思维导图梳理复杂的已知条件，从问题出发，绘制导图，建立出推理逻辑。

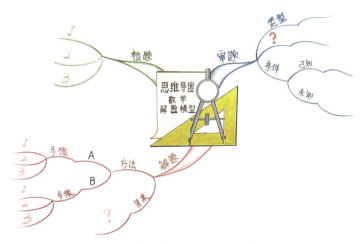

图 3-38　思维导图数学解题模型

思维导图解题案例

一杯糖水,糖与水的比例是 1:4,喝去半杯后,又加满水,这时,杯中糖与水的比例是多少?

第一步,审题。

判断类别:求比值,比例性质问题。

明确问题:喝水后糖与水的比例问题。

推理条件:已知条件为喝水前比例,喝半杯后又加满水。

　　　　　未知条件为喝半杯及加水后的糖与水的比例。

第二步,解题。

把题目分解为三个步骤,分别是喝水前、喝水后、加水后。

喝水前:　　　　　糖水 =5,

　　　　　　　　　糖 =1,

　　　　　　　　　水 =4。

喝水后:　　　　　糖水 =2.5,

　　　　　　　　　糖 =0.5,

　　　　　　　　　水 =2。

加水后:　　　　　糖水 =5,

　　　　　　　　　糖 =0.5,

　　　　　　　　　水 =2+2.5=4.5。

最后答案:　　　　糖:水 =0.5:(2+2.5)

　　　　　　　　　　　　=0.5:4.5

　　　　　　　　　　　　=1:9。

第三步,检题。

此题可选用步步检查法,从头检查推理,校对结果。

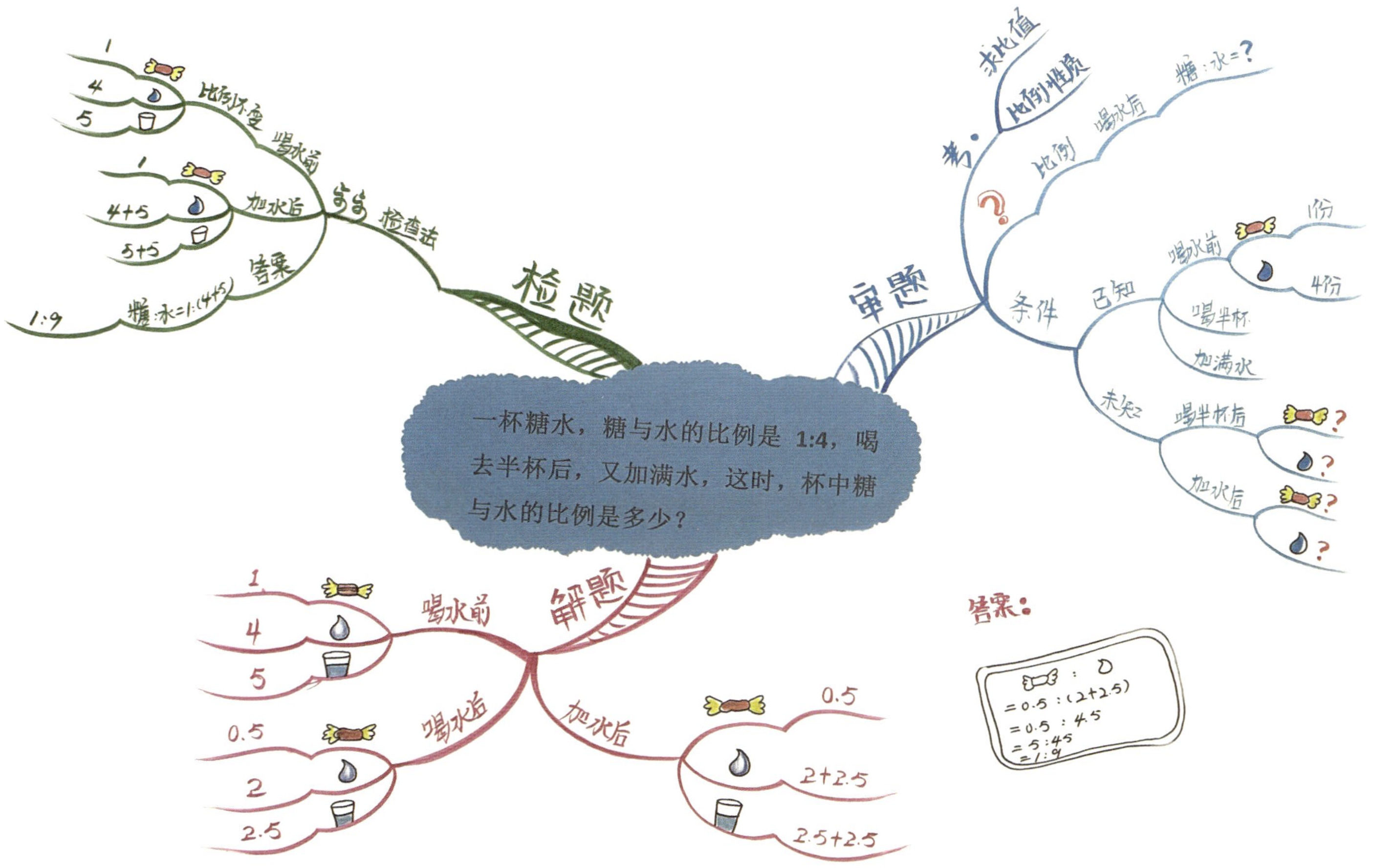

图 3-39 糖与水比例问题解题步骤

想一想：错因分析

快速提升学习成绩的一个重要方法就是把曾经的错题弄懂，把扣分题变成加分题。对待错题，要加以分析，不要就题论题，抱着改对了就学会了的态度，以至于同样的知识点换种方法考还是不会。可以用思维导图做错因分析，深入分析错题原因。

用思维导图分析错因

意义：有的同学会说错题没关系，是因为马虎造成的，还有的同学会说错题只要在期末考试前弄懂就可以。这些对待错题的态度都是错误的。错误不分大小，即使是马虎也要严肃对待。当发现错误的时候一定要有错必纠，出错立改，不要犯相同的错误。

范围：寻找错题的范围不要局限在错题上，有些题是真的做错了，我们要把作业和笔记中练习的错题，小考、期中、期末检测中的错题都进行分析；还有一种错题叫作假对，那些靠运气蒙对的题并不代表真的做对了，这样的题也存在下次犯错的隐患，所以我们寻找错题时要踏实真诚，真错和假对的题都要给予认真对待。

分析：对待错题分析，首先要进行基础分析，弄清楚是态度问题、性格问题、熟练程度问题还是习惯问题，比如态度上轻敌容易导致"大意失荆州"，性格暴躁容易导致答题毛躁，题型熟练程度不够容易导致做题慢，解题习惯不好容易导致思路不清晰等；其次要进行多元分析，是概念、公式、定理、知识点等未掌握，还是对题目不理解，或是马马虎虎、潦潦草草、慌慌张张的不认真；最后要进行数据分析，分析错题归类及犯错次数。通过基础分析和多元数据分析，才能真正明白错题的根本原因，才会让失败成为成功之母。

改错：发现错误一定要及时改正，不要等到问题根深蒂固后再花费更多的时间去解决，要用好习惯、好态度、好工具去解决问题、修改错误。东汉思想家王符曾说："智者弃其所短而采其所长，以致其功。"用思维导图进行错因分析就是一个非常有效的方法。

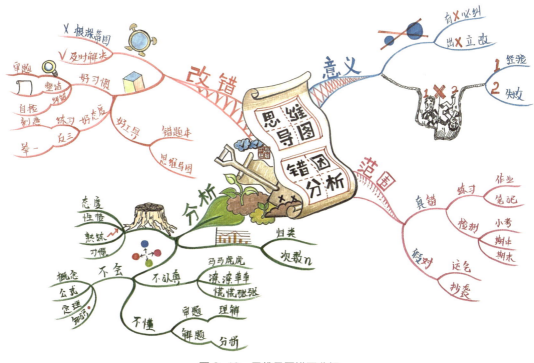

图 3-40 思维导图错因分析

思维导图错题分析模型

运用思维导图错题模型分析错题，可以全方位、直观地剖析错题，降低错误的重复率。

第一步，概述。

记录错题出错的时间、犯错次数、属于哪种类型，并记录原题。

第二步，分析错解。

对错误的解题过程进行描述和分析，对错误原因进行深入剖析。

第三步，写出正解。

写出正确的解题过程，分析正确的解题思路。

第四步，总结。

对需要改进的地方进行总结，加深记忆，避免下次再次犯错。

图 3-41 思维导图错题分析模型

思维导图错因分析案例

实验小学的小学广场长 50 米，宽 40 米。扩建校园时，将小广场的长增加了 10 米，宽增加了 8 米。那么小广场的面积增加了多少平方米？

第一步，概述。

记录错题时间和次数，错题类型为面积计算题。

第二步，分析错解。

记录错解内容，分析错误原因：没有根据题目画图，理解有误，丢失面积。

第三步，写出正解。

写出正确的解题过程，画图进行正解分析。

第四步：总结。

审题时要抓住关键词，善用图形进行分析，在数学学习中重视图和数的关系。

图 3-42 思维导图错因分析案例

第三章 好方法:用思维导图铸就高效学习方法

英语学习方法

中小学英语在学科层面，词汇是基础，语法是根本。常规的英语学习都比较枯燥与生涩，用思维导图记忆单词、学习语法，可以激发我们学习英语的兴趣，树立自信心，是一种高效的英语学习策略。

记一记：单词记忆

单词是学习英语的基础，传统的单词学习方法，多为单纯地记忆单词，花费时间多，效果不佳。用思维导图学习英语单词，不仅能够完成单词的记忆，还能在记忆单词的基础上用思维导图管理单词，不是一个一个地记忆单词，而是把单词连成串，形成网状学习。

图标记忆法

单词记不住，常见的是音、义、形记不住。

音：记不住单词发音

义：记不住单词含义

形：记不住单词字母组成

运用思维导图中的图标可以攻破英语单词学习的难题，从多角度解决单词记不住的问题。

下面以单词 aunt 为例，用图标记忆法从音、义、形三个角度进行记忆。

发音记忆：借助谐音图标进行记忆

将单词发音转换为具象的谐音图标，便于记忆单词发音（如图3-43）。

第一步，了解单词发音：[ɑːnt]。

第二步，转换成谐音：按它。

第三步,根据谐音转换成具象图标。

图 3-43　谐音图标记忆发音

词义记忆:借助意象图标进行记忆

将单词意思转换为意象图标,便于记忆单词词义(如图 3-44)。

第一步,了解单词词义:姑母、姨母、伯母、舅母。

第二步,把单词加工为符合词义的具象图标,看图知词义。

图 3-44　意象图标记忆词义

词形记忆：借助联想图标进行记忆

通过联想把字母编成故事，变成图标，便于记忆单词字母组成（如图3-45）。

第一步，了解单词组成：a u n t。

第二步，拆解单词：au nt。

第三步，编故事，用诙谐、夸张的方式浓缩形象图标，加深记忆。例如，一位阿姨遇到一只大老虎，吓得au一声，大老虎说："别怕，我给你出一道难题（nt）。"

图3-45 联想图标记忆词形

情景记忆法

心理学家认为，最基本的记忆规律就是将新的信息和已知信息进行结合。情景记忆法是指通过一个单词进行延展，引发一个个场景，形成"场景链"。情景记忆法不仅能够增加单词记忆的容量，关联到相关的"附属信息"，还能够提升英文写作能力。情景记忆法的原则是扩充词汇，达到一箭多雕的记忆效果。

第一步，由词转图，将一个单词的释义转换成图像。例如，将单词flower（花朵）绘制成图像（如图3-46）。

图 3-46　由词转图

第二步，由图想词，根据已知的单词图像，借助思维导图进行垂直思考。例如，由花朵联想到草地、栅栏、牛、房子、高山、农夫、白云、太阳、小鸟等（如图 3-47）。

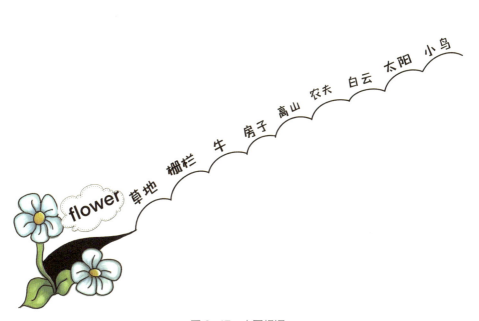

图 3-47　由图想词

第三步，把通过垂直思考获得的信息绘制成场景图，编成故事加深记忆（如图 3-48）。

图 3-48　场景联想

第四步，由图转词，将场景中的事物一一对应单词，标注在图像旁，形成情景图像（如图 3-49）。同时，还可以拓展练习口语和写作。

图 3-49　由图转词

分类记忆法

美国著名认知心理学家杰罗姆曾说过:"人类记忆的首要问题不是储存,而是检索。"要想易于检索,就要将零散的、杂乱无章的信息进行系统分析、总结,然后进行分类,将其编排到大脑的知识结构中,这种方法就是分类记忆法(如图 3-50)。

分类记忆法是记忆的基础,用思维导图分类记忆单词需要注意几个方面:

第一,分类的标准不是只有一个。

第二,进行导图分类时,分几个类别(大纲主干)、每个类别下多少内容(子分支)要适度。如果分类太多,不便于记忆,还容易混淆,每个组块在 7±2 个为宜。

图 3-50　食品英文单词分类记忆

同词记忆法

单词的组成有多种规律,捕捉到单词组成的规律可以减轻单词记忆负担。常见的规律有词根词缀法、合成法,其核心都是一个词由不同的规律生成新的单词。

词根词缀法

单词由三部分组成，即前缀、词根、后缀。传统的用词根词缀法记忆单词，会将单词全部列出，再进行记忆。例如以 act 为词根，可组成如下单词：

action   active   activity   activate   actor   actress   actual

actuate   counteract   enact   exact   interact   react

这样列出单词，虽然全面，但容易混淆。将单词用思维导图进行区分和串联，结合归类记忆法，可以清晰地记忆单词（如图 3-51）。

图 3-51　词根词缀记忆法

合成法

英语有丰富的词汇和词汇表达方式，许多单词都有固定的搭配和习惯用法。两个或多个英语单词可以组合成固定短语，如 come +back= 回来，come+here= 来这儿。用合成法进行思维导图记单词，可以把已经记住的单词进行系统化的整理，在拓展词汇量的同时加深单词和短语的记忆，丰富英语修辞用法（如图 3-52）。

图 3-52　合成法记忆单词 look

对比记忆法

对比记忆法就是把两个或多个容易混淆的单词进行对比记忆，需要在学习过程中多观察。常见的有音、形、义对比记忆（如图 3-53），在对比中辨析，寻找差异化或者关联性。

读音对比记忆

容易混淆的是同音词，同音词拼写不同，发音相同，词义不同，要注意辨析。

词形对比记忆

同形词，同形不同义；形近词，只有个别字母不同，记忆时很容易出错。

词义对比记忆

词义辨析，主要指同义词和反义词辨析，通过对比拓展词汇。

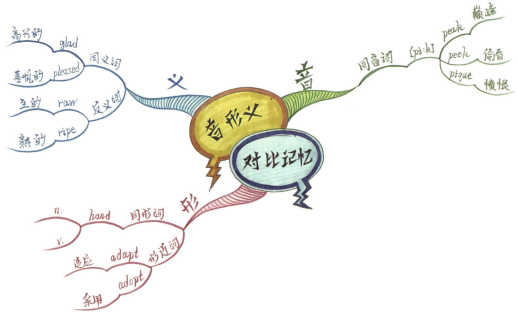

图 3-53 音形义对比记忆法

理一理：语法梳理

英语语法如同英语的灵魂，用思维导图学习英语语法，可以通过图表记忆法、归纳记忆法、分析记忆法做语法梳理，厘清来龙去脉，减轻学习负担。

图表记忆法

把英语语法中一些简明扼要的规则做成图表，嵌入导图中。以图表的形式出现，形象感强，清晰分明。

例如，英语中的人称代词、物主代词、反身代词、指示代词、疑问代词、不定代词会有人称、数与格的变化，就可以采用图表记忆法进行整理，然后和导图相结合，便于语法学习（如图 3-54）。

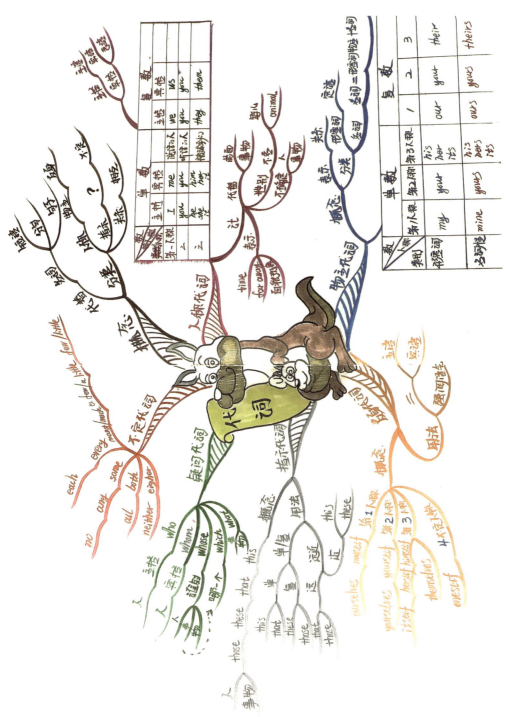

图3-54 用图表记忆法整理代词

归纳记忆法

用归纳记忆法学习英语语法，可以让零散的语法知识点系统化、条理化、类别化。归纳记忆法可以分为知识点归纳、系统归纳、整体归纳，其实就是由点到面，由部分到整体逐步归纳。

知识点归纳

当某一类别的语法知识点学完之后，用思维导图进行此语法知识点的整理。知识点归纳的特点就是学习多少整理多少，及时整理。例如，词法的学习，包括名词、冠词、代词、介词等，根据学习的节奏，学完马上就用导图将相关知识点进行归纳整理（如图3-55）。

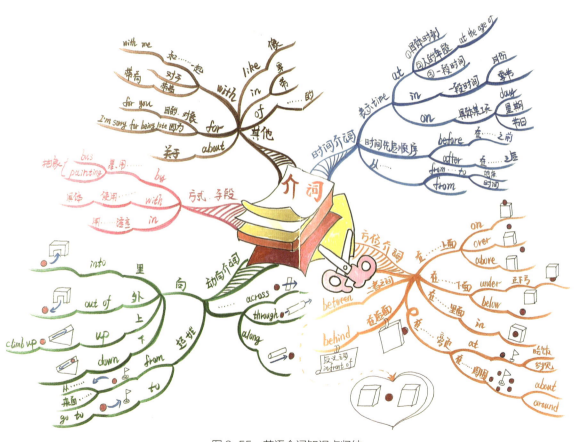

图 3-55 英语介词知识点归纳

系统归纳

用思维导图将所学的各种语法知识分门别类地归纳总结到一起，使其形成相对完整的阶段性语法体系（如图3-56、图3-57、图3-58）。

图3-56 英语词法系统归纳

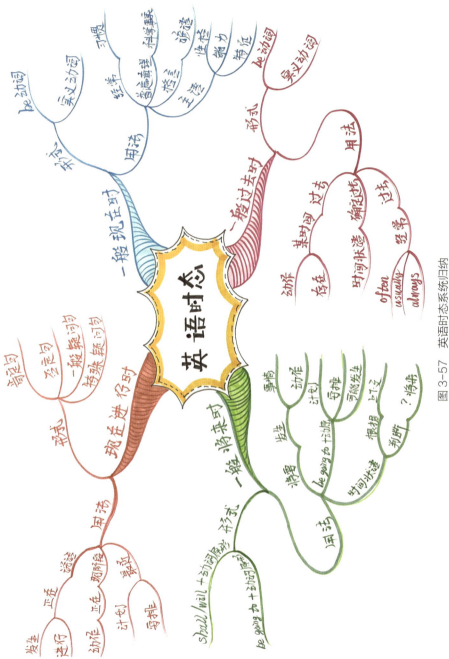

图 3-57 英语时态系统归纳

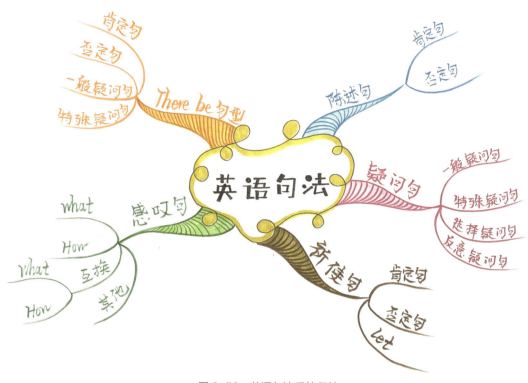

图 3-58　英语句法系统归纳

整体归纳

根据学科特点，用思维导图把所学的语法内容按照一定的顺序和逻辑关系总结成完整的语法体系，梳理成章，编织成网，便于整体系统地学习和掌握语法（如图 3-59）。

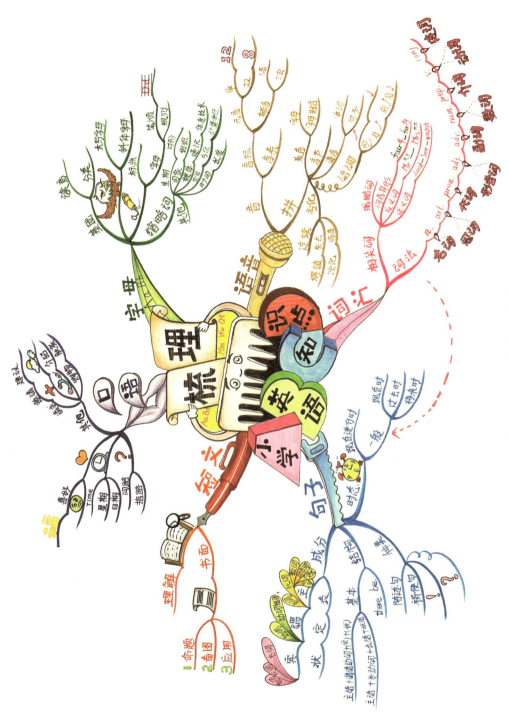

图 3-59 小学英语知识点梳理

分析记忆法

分析记忆法用于对类别相同、相似或相反的语法记忆材料进行思维加工，在积极思考、对比、分析的基础上，对于易混淆的语法知识进行辨析（如图 3-60、图 3-61）。

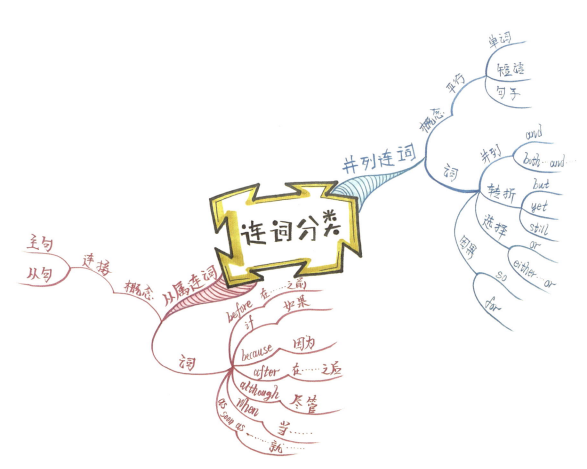

图 3-60　连词分类

图 3-61　思维导图学习英语语法

综合学科学习方法

思维导图是一个兼容性极强的工具,不仅可以使用在语文、数学、英语的学科学习中,也可以用于其他不同的学科。学科不同,思维导图的用法也有所不同。

画一画:爱地理

无论是自然地理,还是人文地理,都有丰富的插图,所以学习地理时要会看图、会用图、会画图,重视图文结合,这会给学习带来很多便捷。

图示法

把相关知识点用画图的方式阐述清楚、理解透彻。例如,将地球公转的原理用图表示出来,直观清晰(如图3-62)。

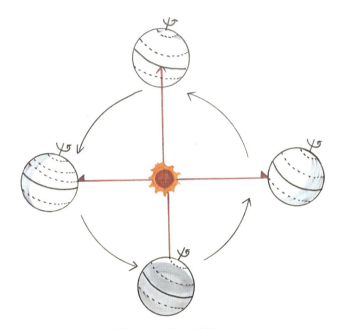

图 3-62 地球公转图示

聚散法

通过发散思维对知识点进行发散联想,再运用聚合思维将联想的内容按照一定的规律进行组合,触类旁通,扩大思路,建立强大的地理知识系统。

以学习赤道相关知识点为例。

第一步,围绕赤道发散知识点。

地球上最长的纬线

纬度最低的纬线

距南北两极距离相等的纬线

南北半球的分界线

地转偏向力为零的纬线

仰望北极星仰角为零的纬线

全年昼夜平分的纬线

地球自转线速度最大的纬线

第二步，用思维导图进行聚合思维整理。如图 3-63。

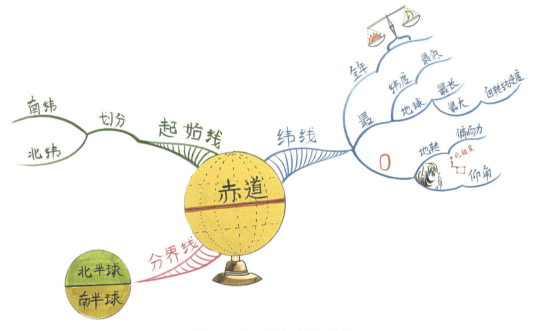

图 3-63 聚散法厘清赤道知识点

规律法

抓住内在规律和外在特点，用思维导图展示规律，可以让地理易懂易学。例如，将山体内部等高线的形状与外部特征相结合，展示其内外规律特征（如图 3-64）。

图 3-64　山体的部位内外规律（刘艺思绘）

找一找：爱历史

历史是一门精准严谨的学科。第一要准确，要有很强的时空意识，什么时间发生了什么事件，人物、时间、地点、事件、经过、结果等都要准确无误地掌握；第二要全面，不仅要精准地记住时空信息，还要弄清楚历史事件与现象的前因后果和来龙去脉，揭示历史偶然性和必然性的辩证关系，并且要从历史的成功与失败中总结经验，获得启发，学以致用。

找关联

相关的历史事件之间会有因果、影响等内在关联，这些关联构成了时间与事件、事件与事件的内在逻辑关系。通过思维导图找出关联，可以促进记忆。

第一，因果关联：事件发生的因果分析。例如鸦片战争的原因、进程、结果的总结呈现（如图 3-65）。

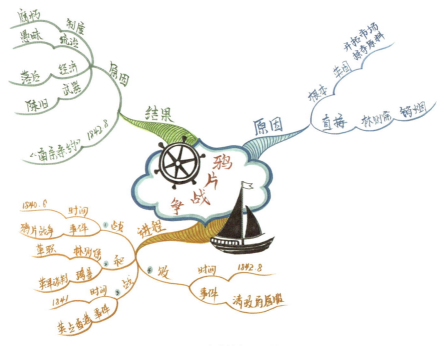

图 3-65　鸦片战争因果关联

第二，推算关联： 规律地推算历史年代，便于记忆（如图 3-66）。

图 3-66　历史年代推算关联

第三，趣味关联： 寻找数字的巧妙关联。例如可以用颠倒记忆法，提高记忆的趣味性（如图 3-67）。

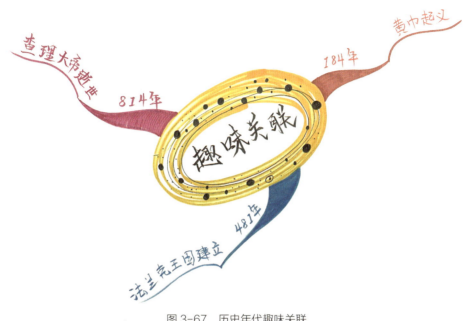

图 3-67　历史年代趣味关联

找关键

抓住主要内容，紧扣关键词，把繁多的历史阅读材料概括、压缩，微言大义，以小见大。

魏孝文帝改革，主要内容：1.颁布均田令；2.接受汉族的先进文化，改鲜卑复姓为汉族单姓，穿汉服，说汉话，与汉族通婚；3.迁都洛阳，并采纳汉族统治阶级的制度。

抓住关键后，可概括为"一均，二化，三迁治"（如图 3-68）。

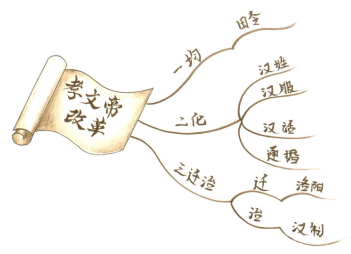

图 3-68 孝文帝改革概括

学习方法不是固守不变的，思维导图图示法、聚散法、规律法、找关联、找关键等方法，同样可以应用于其他学科。要学会将思维导图应用于各个学科，让思维导图工具为我所用，更轻松地学习。

后记

学习需要工具，但是使用工具的效率也有高低。就好似驾驶员，都通过了考试，拿到了驾照，但是驾驶技术却各有千秋。如果是初学者阅读本书，那么阅读结束后才是真正享受思维导图的开始。本书以"减负"为目标，从学习最底层、最基础的部分入手进行了讲解和剖析。阅读此书后，相信每一位读者已经拥有了开启学习之窗的金钥匙。但请不要停留于此，接下来要用这把钥匙去开启更多的窗，让它成为终身学习的利器。

阅读此书后，对于未来应该如何使用思维导图有以下三点建议：

第一，坚持使用，让工具越用越简单！

任何工具的使用都是熟能生巧的，最开始使用时可能会感觉晦涩难懂，坚持去使用它，思维导图就会越用越简单。当思维与时间、空间共振时，你会感受到能力的不断提升。

第二，随处应用，让工具越用越灵活！

学会了思维导图，不要局限于本书讲解的应用范围，那只是学习的冰山一角。随处都可用思维导图，我们要形成一种使用惯性，才能越来越灵活地使用它。当条件反射般地形成惯性后，工具才会真正成为属于自己的本领，这个本领可以任我们去调用，帮我们从被动学习变成主动出击。

第三，创新运用，让工具越用越好用！

爱因斯坦提出，万物之间都存在相互的关系。思维导图不是唯一的学习工具，也不是万能的。每一个会学习的人都具备善于整合、善于创新的能力。将多种学习工具相融合，进行改良和创新，会让工具越用越好用，最后成为自己的独门秘籍，为我所用。

希望通过本书的学习，更多的学生可以实现减负的目标，学习之路更加顺畅。本书创作完成，要感谢家人给予我的鼓励和支持，感谢本书中图示的创作者把导图的魅力展示给读者。在此也特别鸣谢每一位思维导图的传播者及践行者，为更多的人受益于思维导图而不断付出，薪火相传，奋飞不辍。

赵　巍